本书得到国家重点研发计划项目“职务犯罪智能评估、预防关键技术研究”（项目编号：2017YFC0804000）、“新华 08”金融财经数据云服务平台科研专项“境外经济法律信息数据标准规范体系研究”（项目编号：D1020）的资助。

Formal Modelling
and Engineering Methodologies of
Legal Knowledge

法律知识形式化管理理论及工程方法

刘振宇 著

经济管理出版社
ECONOMY & MANAGEMENT PUBLISHING HOUSE

图书在版编目（CIP）数据

法律知识形式化管理理论及工程方法 / 刘振宇著. —北京：经济管理出版社，2020.6

ISBN 978-7-5096-7208-2

Ⅰ.①法… Ⅱ.①刘… Ⅲ.①法律—信息检索—研究 Ⅳ.①G254.97

中国版本图书馆 CIP 数据核字（2020）第 108276 号

组稿编辑：高　娅
责任编辑：高　娅
责任印制：黄章平
责任校对：董杉珊

出版发行：经济管理出版社
（北京市海淀区北蜂窝 8 号中雅大厦 A 座 11 层　100038）
网　　址：www.E-mp.com.cn
电　　话：（010）51915602
印　　刷：北京玺诚印务有限公司
经　　销：新华书店
开　　本：720mm×1000mm /16
印　　张：10.5
字　　数：174 千字
版　　次：2020 年 6 月第 1 版　　2020 年 6 月第 1 次印刷
书　　号：ISBN 978-7-5096-7208-2
定　　价：68.00 元

序

法律正成为以人工智能为代表的先进信息技术最适合发展的应用领域之一。一般来说，信息技术与法律的交叉可分为两个不同的方向：①针对信息技术的法律（如隐私保护、版权、安全等）；②为法律提供信息化支撑（电子法庭、在线争议解决、文书生成等）。然而，随着自然语言处理，特别是语义技术在法律领域的应用不断深入，法律和信息技术越来越呈现出融合发展的趋势。

语义技术的核心是知识表示，简单地说，就是基于一组标准化的术语词汇集合，表示某一特定领域的实体类型及其之间的关系。法律知识表示技术无论从法律实务角度，还是从智慧司法建设角度都具非常有重要的作用。例如，通过本体语言描述的司法案件情节能够更完备、更准确地表达案件情节的语义信息，有助于法官准确把握案件争议焦点，提高审判质量。同样，面向案情语义的本体表示使得机器能够“理解”案件情节，实现高效的案情比对和精准的类案推送，辅助裁判决策，提高审判质效。我们有理由展望，未来的智慧司法可在大规模自动化语义技术的黏合下，将人的智慧与机器智能高度协同，扩展出全新的“机辅心证”智慧型审判形态。

知识表示和推理始终是机器与现实世界进行交互的核心问题。人类从数理逻辑、心理认知、哲学认识等不同角度试图深化对现实世界的理解和认知。1960 年，奎因（Willard V. Quine）研究使用一阶逻辑表示科学理论的本体承诺问题，第一次将哲学中的“本体”概念引入到计算和信息科学领域。这一工作引起了约翰·麦卡锡（John McCarthy）等人工智能研究者的关注，他们将这种方法作为机器对“自然物理世界”的内在表示，以指挥机器人与外界世界的交互行为。机器智能源于对外在世界的内部表示的理论影响延续至今，知识表示和概念建模仍然是今天人工智能研究的主要内容之一。

知识表示的规范性和一致性对人与人之间的知识交流和数据集成同样具有重要的作用。知识表示在这方面的应用发轫于生物信息学。在基因生物学研究的早期，由于术语词汇的不一致导致实验数据不能用于解释人类生理现象，无法揭示基因与人类健康和疾病之间的关联关系。为解决这一问题，生物学领域专家在 1999 年建立了第一个通用的、物种中立的、涵盖整个生物过程的受控词汇字典：基因本体（Gene Ontology，GO）。基因本体为研究者理解不同来源的数据含义提供了一致的概念框架，使多源数据融合成为可能。基因本体的成功开发在很大程度上可归因于 1991 年在意大利帕多瓦系统科学和生物医学工程研究所成立的世界上第一个概念建模与知识工程中心。时至今日，意大利依然是本体研究的世界领导者，并发展成为法律人工智能研究重镇。

千禧年后，在美国 DARPA 项目资助下开发的“代理标记和本体交换语言”（DAML-OIL）演化成为互联网知识表示和交换的国际标准——“万维网本体语言”（Web Ontology Language，OWL）。OWL 语言将传统的静态万维网网页赋予了动态语义，为大规模系统交互和人机交互提供了标准化的语义框架，使异构数据更易于集成和交换，为解决不同组织和不同系统之间的“数据孤岛”问题提供了可循的技术路径。

2014 年以来，我国加速以“智慧法院”为代表的智慧司法建设。2018 年在国家重点研发计划部署实施了司法专题任务群，涵盖对法院、检察、司法工作的全链条全景化科技支撑，针对法律知识图谱、交互感知智能、案件语义认知等关键瓶颈技术进行联合攻关。本书的写作和出版正是面对这一重要的历史机遇，试图通过梳理人工智能与法律 60 余年的交融发展历史脉络，介绍法律人工智能的主要实践者其代表性科学技术贡献，还原法律知识表示和推理的科学内涵，为我国的智慧司法建设提供参考和借鉴。

刘振宇

于北京

2019 年 12 月

前言

近年来，随着法律人工智能研究与应用的不断发展，法律知识的表示与司法应用吸引了来自法律界和人工智能研究者的广泛关注。在法律领域，几乎全部的成文法和案例都通过人类的自然语言进行表述。但是，自然语言很难支持机器的自动推理，因此法律人工智能要更高水平发展需要采用可进行自动推理的形式化表示语言。但是，经典的形式化语言在表达案例中常见的某些非常简单的因果关系或时序关系上也是非常困难的。例如，一个案例的语义基本上可以抽象为是由某项初始事件开始至某种一些损害性结果的事件链条。而在表达由事件序列组成的过程时，常用的形式化 OWL 语言的表达能力十分有限。因此，为使得机器能够理解司法文本中的语义信息，选择具有合适的表达能力的知识表示语言是法律人工智能中的一个至关重要的问题。

知识表示并不是一项微不足道的任务，从 20 世纪 60 年代后期的兴起开始，该领域经历了许多变化，涉及的概念和技术相互交织、错综复杂。发展和使用适合法律特点的知识表示语言需要首先厘清知识表示自身的发展脉络和知识体系。如果不能澄清这一问题，法律人工智能便是无本之木，仅仅是自然语言处理、机器学习、数据库等传统信息技术的堆砌。系统地回顾知识表示的缘起、演化、发展，以及介绍其在法律领域中已有的应用，便成为本书写作的最重要的初衷。

法律知识表示作为司法人工智能大系统的基础设施，应该是面向司法实务的，同时也是一种典型的系统工程。因此本书在构思与写作过程中，始终围绕知识标识在法律中的应用这一核心问题，从基本理论和技术方法上对法律知识表示进行全面的介绍和剖析，将知识表示的知识体系有机地融入相关概念和技术发展的历史脉络。在行文特点上，本书重视对知识表示的发展产生重要影响的思想、方法与策略选择的介绍，以使读者从更宏观的视角理解知识表示的技术内涵。本书在编写过程中，采用循序渐进的策略，首先介绍通用知识表示的基本概念和方法，逐次过渡到主要的知识表示语言和技术，最后围绕法律知识表示问题，从工程方法的角度进行详细的阐述。

本书共分为五章，涵盖法律知识表示的发展历程、核心概念、关键技术、主要用例。在内容编排上，力求每章均具有独立性，同时各章之间又能共同组成一个有机的整体。

在第一章中，我们沿袭人工智能的发展路径介绍了知识表示的历史脉络，如定理证明中非控制逻辑推理的计算危机、启发式和认识论充分性的争论、知识表示语言的地位和心理合理性、专家系统实现的认识论混乱以及知识工程观点的兴起等。在早期的知识表示中，产生式系统、语义网络和逻辑各自在知识表示中扮演着不同的角色，具有不同的角度。产生式系统允许在基于知识的推理中表达控制，语义网络源于心理学理论成长为强大的知识表示语言，逻辑作为知识定义和保证知识推理正确性的手段得到充分认同。这三种不同的知识表示方法逐渐融合为描述逻辑，并在 20 世纪 90 年代始发挥了相对温和的作用。千禧年之后，描述逻辑成为网络知识表示的选择，开发出 OWL 语言，成为当前广泛使用的知识表示语言。

在第二章中，我们阐述了本体的概念及其不同的解释。通过描述逻辑或 OWL 语言等所描述的领域知识通常称为“本体”。本体概念从 20 世纪 90 年代开始越来越流行。虽然这一术语的确切含义与 OWL 作为知识表示语言之间没有直接的关系，但本体在知识工程中却有着重要的作用。本体涉及哲学和知识表示两种不同视角之间的权衡。作为知识表示的本体的质量与哲学的充分性无关，而是与它在解决问题中的适宜性有关。基于知识的系统的设计选择决定了本体应包含什么，主要原则是本体应充分捕捉系统的领域知识，并对其控制知识保持中立。由于本体的开发取决于很多微妙的、相互竞争的需求，因此开发法律知识本体，不仅需要决定要包括哪些概念和关系，还需要决定它们定义的详细程度。因此，在本章的最后我们介绍了国际主要的法律本体，以及开发法律领域本体的原则性方法。

在第三章中，我们介绍了语义网的发展，以及由此带来基于网络的知识表示方法。首先，我们详细地阐述了 RDF 语言的特定和主要技术细节。尽管 RDF 语言由于其语义不清晰以及非标准化的问题，但它为目前作为知识表示实际标准的 OWL 语言提供了坚实的基础。OWL 语言在语义和语法方面保证了对知识表示的几个重要要求。一方面，它需要确保在语法和语义上与 RDF 和 RDFS 等较低层语言的兼容性。另一方面，它需要与适应传统的知识表示，特别是描述逻辑相兼容。由于在 OWL 语言中采用了开放世界的假设，因此 OWL 语言表示的本体中公理推理是单调的，不受新添加信息的影响。同时，作为一阶逻辑的子集，OWL 语言表示的公理的可判定性是与语义表达能力相权衡的结果。在本章最后我们详细地讨论这种权衡的理论考虑和实际局限性。

在第四章中，我们讨论了本体开发的一般方法论，强调了基于“中间向外”的本体构建方法，并给出了不同类型的本体复用的特征。本体不仅仅是术语知识库，而且是指导系统开发的设计原则和资源需求观点。本体开发不仅是工程，还是一门艺术，而且还没有先验的标准可以确保本体的质量。本章首先介绍了对现有本体进行复用的方法。本体复用的关键考量因素是安全复用，也就是需要确保本体概念的健全扩展，不影响被复用本体的本体承诺。为实现安全的本体复用，需要将一些技术限制扩展为本体开发方法，使这些本体承诺中显式部分可以用来确保概念上的合理扩展。概念框架，特别是认识论框架，允许我们将本体的范畴与其他术语知识分开。设计模式允许我们表达部分本体，因此针对不同的任务目标，可以将不同的设计模式进行组合，从而实现安全、高效的本体复用和集成。

在第五章中，我们介绍并讨论了法律本体中常见的三种设计模式。第一种模式源于对描述逻辑语义模型的一般约束。这种模式的一个典型用例是“交换”的概念，并以增量方式引入设计模式，强调设计的过程性，并阐明“交换”类表示中涉及的决策和权衡。第二种设计模式基于对多元关系的实体化描述。这种模式可用于对常见的社会概念进行定义，它的主要贡献是使用类和角色的简单组合来构造复杂的关系，以及从本体中抽象出易于复用的一般化方法。第三种设计模式是一种表示法律因果解释的序列表示方法。与现有的其他方法相比，这种轻量级的过程表示方法非常灵活，因为过程序列仅由角色包含公理定义。它的一个重要的好处是可以很容易地将角色包含结合起来形成更精细的属性链。本章最后通过将三种模式的组合表明，这种本体开发方法可以有效地应用于定义法律领域中的复杂概念。同时，这三种设计模式的扩展可以是保守的，而不会影响本体的表现力。这是因为它们是自包含的，它们的合成只能通过属性包含公理和附加类定义来定义，而不是对现有类的限制。此外，三种模式的松散耦合关系进一步验证了本体分层的理论，为开发大规模法律本体奠定了重要的理论基础。

本书的最后两章阐述了设计模式是一种更自由的本体开发和复用的方法。这种方法并不捕获严格的本体承诺，而是表达一种本体论观，这种观点可在领域的基本概念基础上构造派生更为复杂的概念。

知识表示涉及多个学科交叉，综合性强。不同背景的读者看待知识表示有着不同的角度。对于不同的读者群体，本书有着不同的阅读方法。对于信息管理和计算机专业的本科生可重点阅读本书前三章的相关内容，对法律人工智能方向具有兴趣的研究生可重点阅读本书的第四章和第五章内容，对司法信息系统的开发人员可重点阅读本书的第二章、第四章和第五章内容。其他对法律人工智能感兴趣的读者可根据需要选择相关的内容阅读，比如可以仅仅阅读第一章和第二章，了解知识表示的历史发展脉络及目前在法律领域的应用情况。最后需要说明的是，知识表示是一个始终在不断发展和演化的研究领域，很多原有的技术在新的场景下重新焕发了活力。我们看待知识表示理论和使用知识表示语言，应该秉持包容并蓄的态度，博采众长，以问题为导向，将实践作为检验真理的标准。

目录

第一章

知识表示与推理

一、人工智能之路回顾

在计算机科学中，人工智能（Artificial Intelligence）也称为机器智能、计算智能，是与人类和动物所展示的自然智能相对的，意味着由机器所展示的类人（甚至超人）的智能，如“学习”和“解决问题”等认知功能。计算机科学对人工智能研究的定义基于“智能代理”（Agent）的概念，即任何可感知环境，并采取相应行动以最大限度地实现某种目标的设备。

在哲学和数学领域，自古以来不断有伟大的思想者研究采用机械或“形式化”方式进行自动推理。“计算机科学之父”阿兰·图灵正是通过对数学逻辑的研究开启了计算理论的序幕。图灵计算理论认为，一台机器，通过改变简单的符号“0”和“1”，可以模拟任何可能的数学推导行为。这种机器可以模拟任何形式推理过程的论断被称为“丘奇—图灵”论题。图灵进而提出，如果一个人不能区分机器和人的反应，那么这个机器就可以被认为是“智能的”。这就是著名的图灵测试，至今依然是检验机器是否具备人类智能的一种主要的方法。人类历史上，第一项被公认为具有现代人工智能含义的工作是麦卡鲁奇和皮特在 1943 年所设计的具有图灵完备的“人工神经元”。

1956 年，美国达特茅斯学院（Dartmouth College）的一次研讨会被公认为是人工智能研究正式起始的标志。此次研讨会的与会者艾伦·纽威尔（Allen Newell）、赫伯特·西蒙（Herbert Simon）、约翰·麦卡锡（John McCarthy）、马文·明斯基（Marvin Minsky）和亚瑟·塞缪尔（Arthur Samuel）日后成为人工智能研究的领导者，为推动人工智能的发展做出了巨大的贡献。在此次研讨会后的几年内，计算机发展出令当世瞩目的进展：例如，亚瑟·塞缪尔在 1954 年发明了能够学习跳棋策略的计算机程序，到1959年，计算机下跳棋的表现已经比普通人好；1956年，艾伦·纽威尔、赫伯特·西蒙等开发出“逻辑理论家”系统，历史上第一次使用计算机实现数理逻辑定理的自动证明。到20世纪60年代中期，人工智能的创始人对未来普遍抱有乐观的态度。赫伯特·西蒙预言，“机器在20年内将能够做任何人类能做的工作”；马文·明斯基预测“不到一代人……人工智能的相关问题将得到实质性的解决”。这一时期的人工智能研究工作得到美国和英国政府的大力资助，西方发达国家都普遍建立了人工智能实验室。

人工智能的最早期工作主要集中在解决一般性问题方面。例如，在1959年艾伦·纽威尔和赫伯特·西蒙开发的“一般问题解决者”（General Problem Solver）系统。这些系统的设计思路是从一个目标开始，再将该目标分解为子目标，然后开始构建能够实现每个子目标的策略。然而，这类一般性问题解决系统的无定形问题定义特性，使它们只适用于没有实际应用价值的“玩具型”问题。在20世纪五六十年代的短暂辉煌之后，人工智能由于在社会生产生活中的实际应用进展极为缓慢，人们对人工智能很快即能取得巨大成功的梦幻开始破灭。转折性的事件是1973年由詹姆斯·莱希尔（James Lighthill）爵士主持的一项英国政府调研报告，对人工智能发展状况提出了尖锐的批评。自1974年起，美国和英国政府陆续停止了几乎全部的对人工智能探索研究的资助。在20世纪后叶，人工智能研究进入了第一次低潮期，即所谓的“人工智能冬天”。

在研究人工智能如何应用于解决现实问题的过程中，艾德·费根鲍姆（Ed Feigenbaum）和弗雷德里克·海耶斯—罗斯（Frederick Hayes-Roth）等认识到，人工智能系统的研究必须要集中在更具有约束性的问题上。虽然人工智能的目标是通过计算机模拟或近似出类人智能，但机器解决和处理问题所使用的方法和能够利用的资源与人类十分不同。人类通过神经脉冲处理信息的机制没有被人类真正理解，机器处理智能问题仍然主要基于图灵—冯·诺伊曼计算体系结构，其面临的主要资源限制包括存储容量、计算机处理能力、算法推理能力等。这些资源限制导致了机器在解决智能任务时只能采用特定的方法处理特定的任务，人工智能离实现通用型任务解决方案仍有相当长的距离。人工智能的定位不再是一般性的问题解决者，而是能够在特定任务（如医学诊断）上匹配人类能力的专家系统。

在很大程度上，使机器具有类人的认知和推理能力的前提条件是在机器内部应该存在一个适于机器运算的现实世界表示模型。例如，要机器人能够像人类一样与世界进行互动，它首先需要具有一个内在的、尽可能准确表示外部现实世界的模型。通过这个内在的表示模型，它能够感知外部世界对象的存在，并能进而有效地利用外部环境，实现某些特定任务的目标等。因此，开发人工智能专家系统，需要首先构建人类理解的知识和计算模型之间的映射（翻译），将人类知识表示为计算机可以处理的形式。但是，由于对现实场景所抽象出计算模型并不是领域现实本身，机器的计算模型和人类所理解的知识之间通常存在巨大的语义鸿沟。因此，在 20 世纪 70 年代和 80 年代，以专家系统为目标的人工智能的研究重心主要在人类心理的认知理论和机器的知识表示等方面。这一时期的研究为我们提供了当今仍在使用的相关术语。

人工智能专家系统从总体上可被划分为知识库（其中包含有关世界和规则的事实），以及将规则应用于知识库以回答问题和解决问题的推理机。最早期的专家系统通常采用较为扁平的结构进行知识表示，例如，关于规则所使用的变量值的断言。随后知识表示经历了语义网络、框架、脚本等不断地演进。在 20 世纪 80 年代初，人工智能研究因专家系统的商业成功而再次复兴。到 1985 年，专家系统已经产生出超过 10 亿美元的人工智能市场。与此同时，日本的第五代计算机项目激励美国和英国政府恢复对学术研究的资助。

在开发构建专家系统的知识库时，知识获取是一个非常困难的问题，即如何将人类专家的知识高效地提取、组织和重用。因此，专家系统很难进行大规模的应用，人们对人工智能的热情再一次逐渐消退。从 1987 年 Lisp 机器市场崩溃开始，人工智能再次进入寒冬，第二次人工智能冬天的持续时间比第一次更为漫长。在这一时期，知识表示在 KL-ONE 语言研究开发的推动下进入了所谓“本体”（Ontology）阶段。

从 20 世纪 90 年代末开始，由于计算机计算能力的显著提高，人工智能研究开始与统计学、数学，以及新兴的机器学习等领域深度结合，并且更加注重解决具体问题。2016 年 3 月，计算机围棋系统 AlphaGo 在与围棋冠军李世乭（Lee Sedol）的 5 场围棋中赢得 4 场，成为人类历史上第一个击败职业围棋无障碍选手的人工智能系统。在 2017 年的围棋未来峰会上，升级版的 AlphaGo 系统更是在与当时连续两年蝉联世界第一的柯洁的比赛中取得全胜战绩（三连胜）。围棋是一种极其复杂的人类智力游戏，其博弈过程需要非常复杂的计算，甚至需要通常长期训练才能培养成的人类“直觉”，是人类高级智能的一种典型代表。在此之前，人工智能“棋手”被普遍认为是无法战胜人类高水平棋手的。AlphaGo 系统的压倒性胜利是人工智能发展史上的一个重要的里程碑，标志着人工智能第三次浪潮的正式到来。

人工智能研究第三次浪潮的主要特点是更快的计算机硬件（GPU、TPU 等）和海量的数据使统计机器学习模型，特别是深度神经网络模型，展现出强大的模式识别能力。自 2012 年起，深度学习算法在图像、视频等智能感知任务上的模型预测准确度取得了突破性进步，在人脸识别的某些领域，人工智能的准确度甚至超越了人类。在更加困难的自然语言处理领域，深度学习同样推动机器翻译、自然语言理解、自然语言生成、多轮问题等多种复杂任务取得重大进展。机器能够“理解”人类语言的目标从未如此接近。与此同时，知识表示也逐步从描述逻辑（Description Logic）所表达的本体进一步演化为更加图形化的模型。2012 年，互联网搜索引擎巨头谷歌正式推出用于语义搜索的知识表示模型——知识图谱（Knowledge Graph），并且短时间内取得了巨大的成功，标志着人工智能知识表示进入了知识图谱的阶段。而机器“理解”人类语言能力的提高意味着大规模构建知识库成为可能。所有这些进步使人们又一次地对人工智能的未来抱有乐观的憧憬和信心。

二、知识表示的发展脉络

知识表示和推理是人工智能研究的一项基础性工作，计算机只有通过某种形式的内部符号有效地表示外部世界的结构，才能处理通常需要人类智能解决的复杂任务，表现出类人（或许超人）的机器“智能”。知识表示涉及心理学关于人类如何解决问题和表示知识的研究成果，使复杂系统更容易设计和构建的形式方法。知识表示和推理还与逻辑学密切相关，通过使用各种规则或集合间的关系实现自动化推理。知识表示形式包括语义网络、生产式系统、框架、规则和本体，自动化推理引擎主要包括推理引擎、定理证明器和分类器。自 20 世纪 50 年代起，知识表示与推理的研究经历了 20 世纪 70 年代不同观点的激烈碰撞，20 世纪 80 年代的人工智能“冬天”和实用主义兴起，以及当今的对知识图谱和知识工程的炒作。

20 世纪 60 年代末期，人工智能研究分化为认知和启发式两种截然不同的思想流派。认知流派植源于认知哲学，认为知识解决的是“是什么”的问题。知识就是通过一套通用的、纯粹的、统一的逻辑语言所描述的尽可能完整的现实世界结构，这种思想导向被称为认知充分性。启发式流派认为认知是用于解决“如何做”的问题，应以“目标”为导向，通过近似或模仿人类的常识、直觉、画像等“心理捷径”实现对问题的求解。启发式流派在求解问题时不追求严谨坚实的形式化理论，而以完成任务、解决问题为目标，启发式流派的这种思想原则称为启发充分性。在20世纪70年代，这两种不同的人工智能研究流派的知识表示方法同样泾渭分明，认知流派采用断言式的知识表示方式，而启发式流派采用的是过程式知识表示方式。而断言式知识表示方式也可进一步划分为基于逻辑的知识表示方式和语义网知识表示方式。直到20世纪70年代末期，这两种泾渭分明的知识表示方式才被统一到基于框架的知识表示语言中。

（一）形式逻辑知识表示

认知流派认为知识应该通过一个严格的形式化逻辑系统进行表示。这一思想可以追溯到古希腊哲学家亚里士多德的三段论。17世纪数学家莱布尼兹对这一思想进行了进一步的深化，他认为人类智能推理是一种计算形式，即根据一组逻辑公理来操纵符号。这种思想逐步演化为现代意义的形式逻辑系统（也称为逻辑演算或逻辑系统）。所谓“形式系统”，是由于表达这类系统的语言与人们日常所使用的中文、英语等自然语言不同，可以“机械地”验证其表达式是否符合其对应的文法规则。因此，形式系统可以根据一组规则，从公理子集合“自动地”推理定理，从这个意义上说，形式系统本质上是一种“公理系统”。这些用于从公理推理定理的规则被称为形式系统的逻辑演算。当形式系统被设计成一个逻辑系统时，公理通过特定的文法规则所构建的符号化的合式公式表达，其含义可被解释为逻辑上的“真”或“假”，而推理规则被设计为可通过严格语法形式确保作为结论性的合式公式的真值性，即可以使用规则从表示“真”的给定公式中推理出表示“真”的公式，即定理。1921年，希尔伯特提出这种系统应作为数学知识的基础，从而奠定了形式逻辑系统作为严格的知识表示的基础地位。在实际的应用中，形式系统可以用于表示特定领域中定义明确的抽象思想或知识系统。

不同的形式逻辑虽然在具体语法上有很多的区别，但其共同点是首先定义一个有限的基础字母集合，然后根据明确的文法规则（如正则表达式、上下文无关文法等）将基础字母递归生成有限长度的字符串，即合式公式（Well-formed Formulas），遵循文法规则所产生的全部的合式公式集合即为某个形式逻辑系统所对应的“形式语言”。常见的形式逻辑主要有命题逻辑和谓词逻辑。在命题逻辑中，基础字母集合可进一步区分为表示不可进一步细分的“原子公式”（或称命题变量）的子集和一个二元逻辑运算符（如“¬”“∧”“∨”“→”等）子集。其中，以自然语言表达的声明性命题被简化为一个原子公式，而原子公式通过二元逻辑运算符可进一步连接生成复合公式。

在自然语言中，对某个领域中知识的描述通常可视为通过谓词所表达的特定的话语领域中实体的属性或关系，因此命题逻辑中的原子命题可被进一步分解为个体词和谓词。个体词代表可以独立存在的、现实或精神中的事或物，特定话语领域中全部个体词的集合称为论域（或论述全集、全集）。谓词则是用来刻画个体词性质的词，即刻画事和物之间的某种关系表现的词。这种将原子命题通过谓词和个体词组合进行表达的形式逻辑称为“谓词逻辑”。谓词逻辑中的个体词与谓词同样在一个预定义的基础字母集合上根据一定的文法规则生成。在此基础上，谓词逻辑可对描述非逻辑对象的个体词进一步使用量化的变量进行表示。例如，对于“苏格拉底是人”这样的命题，可以有“存在 x，x 是苏格拉底并且 x 是人”的表达形式，其中“存在”是量词，而“x”是变量。

谓词逻辑中的论域通常被视为预备知识，不需要每一次都明确其范围。在定义论域上的个体词以及个体词的函数基础上，可通过特定的文法规则将限定个体词变量范围的量词、谓词和逻辑符号等组成合式公式，从而构成形式化公理系统。由于使用了量词化的变量和谓词表达命题，与命题逻辑中对知识的声明性语句进行简单的符号化处理相比，对知识描述的粒度更为细致，因此具有更强的知识表达力。从某种意义上，命题逻辑是谓词逻辑的子集和基础，谓词逻辑也称为“一阶逻辑”，而命题逻辑称为“零阶逻辑”。

由于谓词逻辑通过量化变量和谓词组构原子公式，因此谓词逻辑中的合式公式只是一个单纯的符号串，没有实质性的意义。在使用谓词逻辑进行形式化证明或验证时，需要通过人类的认知赋予公式符号串某种解释，判断其是否具有真值。所谓解释就是使公式中的每一个变项都与个体域中的元素相对应。

无论是命题逻辑，抑或是谓词逻辑，都需要基于一套推理规则“机械地”证明一个合式公式是另一个合式公式的逻辑结果。所谓推理规则是一种语法转换规则，人们可以使用它从一个前提中推断出一个结论，以构建一个论证。推理规则的一个主要特性是它们是单纯地基于语法的，可以在不考虑任何解释的情况下进行推理。因此，一个合理的论证过程应该在无论哪一种可能的解释中都是正确的。

虽然谓词逻辑可以对许多数学理论进行形式化表示，并且在计算机科学和其他领域中广泛使用，但它的语义表达能力具有一定的局限性，无法对自然语言进行等价的形式化表达。因此，对自然语言进行分析的逻辑系统需要比一阶谓词逻辑具有更丰富的结构。在一阶谓词逻辑的基础上，可进一步定义具有谓词或函数作为参数的谓词，或允许定义谓词量词或函数量词，这样的形式逻辑系统称为“二阶”逻辑或“高阶”逻辑。一阶谓词逻辑通常与集合相关联，而高阶谓词可以解释为集合的集合。

由于通过形式逻辑表示知识的方法具有可解释的语义、标准化的推理规则和相对简单的形式符号系统等优势，因此在计算机出现的早期，基于逻辑的知识表示方法普遍地被人们所接受。这一思想的核心是建立一种通用逻辑以作为所有智能操作的基础。在 20 世纪 50 年代，艾伦·纽威尔和赫伯特·西蒙等在开发逻辑理论家系统之初，即从纯粹的逻辑角度进行智能系统的设计和开发，但很快发现基于逻辑的人工智能研究有两个主要缺陷：其一，基于逻辑的知识表示无法将知识组织为可单独复用的模块，导致知识的应用缺乏灵活性；其二，逻辑不太适于表达过程性的知识。随着对基于形式逻辑的智能系统研究的不断深入，人们逐渐发现对于人类而言困难的逻辑证明问题同样很难通过机械逻辑证明引擎来求解。而这一发现对第一人工智能浪潮所力求实现的通用智能系统目标是一个巨大的打击，导致了形式逻辑作为知识表示的方法被很大一部分人工智能研究者所摒弃。

但即使在形式逻辑研究的低潮期，仍然有少部分工人智能学者没有放弃通过形式逻辑进行知识表示的探索。在第二次人工智能高潮期，人工智能的研究焦点是如何通过工程化的方式固化领域专家的经验知识，开发基于规则的专家系统。但在法国，研究人员对一阶逻辑进行了优化，开发了 Prolog 语言，使形式逻辑更适于知识表示。这些探索为后来认知流派知识表示与启发式知识表示的融合统一奠定了重要的基础。时至今日，形式逻辑仍然在人工智能知识表示中具有重要的作用。

（二）启发式知识表示

启发式流派的根本特征是从智能系统的功用性角度出发对知识表示的方式进行研究，其发展过程分别受到信息处理、认知心理学、面向对象的数据结构、可视化图模型等多方面影响，呈现出显著的多元化特点。启发式知识表示虽然没有形成认知流派那样统一的严格理论框架，但从应用的角度逐渐演化为现代意义上的专家系统，引发了第二次人工智能的浪潮，对人工智能的发展起到了极为重要的推动作用。

1. 产生式系统

人工智能发展肇始，纽威尔和西蒙等在设计“一般问题解决者”系统时最先考虑的是采用纯粹的形式逻辑方法设计和开发智能系统，但很快他们发现这种方法具有极大的局限性，因而转为采用另外一种完全不同的思路进行通用智能系统的设计：从信息处理的角度对人类解决问题的过程进行抽象和模拟。后来，这种人工智能智能系统的设计思路被特称为“信息处理系统”。尽管从对人类思维过程进行建模的角度上看，信息处理系统过于简单化，但它逐步演化发展成为一种重要的知识表示方式。

信息处理系统的设计目标是使机器可以像人一样进行思考。在结构上，信息处理系统由接收器、效应器、处理器和工作内存组成。其中，接收器模拟人类的感知器官，将外界环境信息转化为符号编码；处理器和内存共同构成了模拟人类认知能力的机器智脑，进行智能推理和决策；效应器用于模拟人类的动作器官，与外界环境进行交互。外界环境信息被预编码为符号后（知识），被存储于工作内存中，处理器包括一组基本信息处理指令集和一个指令解释器，信息处理指令的参数是内存中所存储的符号编码，指令解释器根据接收器所接受的外界信息，决定所需执行的基本信息处理指令顺序，实现智能化的操作处理。由于通过对处理器指令集编程，使信息处理系统可以模型一些简单但重要的人类行为，从而为行为心理学研究提供了一种清晰的形式化的方法，描述人类进行符号化信息处理时的认知过程。从这个角度上说，信息处理系统是一种简单但有效的行为心理学仿真模型，通过这种模型，人们可以把机器“智能”与人类智能进行类比，而不必拘泥于推理过程是否遵循了严格的形式语言规则或是否具有坚实的逻辑语义。对于信息处理系统而言，知识的表示和推理问题转化为：①如何对基本信息处理指令进行有效的表示；②对每种解释应该采取哪种策略。与传统的形式逻辑知识表示方式不同，产生式系统中这种知识表示的方法从本质上说是针对人类的经验法则的。

虽然“一般问题解决者”系统由于试图实现对于当时的技术条件而言过于宏大的通用人工智能目标而最终失败（导致了第一次人工智能冬天），但人们很快意识到其采用的信息处理体系架构可被扩展为一种通用的逻辑符号计算框架。这是因为信息处理系统中的基本信息处理指令集可以通过一组产生式规则（Production Rules）进行有效的表示。例如，最简单的“if... then...”形式的肯定前件推理规则（Modus Ponens）就是一种典型的产生式规则，规则的左边对应系统感知到的外界信息或工作内存的当前状态（统称为条件），右边对应针对不同的动作。在人工智能领域，这种采用产生式规则集合方式进行知识表示的信息处理系统被统称为“产生式系统”（Production Systems）。根据不同的产生式规则形式和规则解释机制，产生式系统可被进一步细分为很多不同的类别。但无论哪种类别的产生式系统，均包括四个基本成分：一组规则集合（或称为规则库）、推理引擎（或称为语义推理机）、工作缓存、交互接口。

当给定某些输入后，推理引擎将工作缓存中的当前状态与规则库中所有的规则条件端进行对比，并将所有与规则库匹配的工作缓存状态进行排序构成产生式实例，而不同排序的实例集合组成“冲突集”（Conflict Set），然后根据某种选择策略从冲突集中选择某一条实例，并根据实例中的状态顺序依次执行每条规则所对应的动作。

需要指出的是，虽然产生式系统采用逻辑形式的规则进行知识表示，但产生式规则并不具有形式逻辑所具备的蕴含语义，其表达的是智能体的信念和目标。因此，产生式系统规则库中的规则并不是一种形式逻辑，而是由专家所编写的经验法则，是一种过程式的知识表示语言。产生式规则的这种语义特征使其以一种更具有实用性的局部优化策略进行问题求解，避免了严格形式逻辑在理论证明中全局最优求解所带来的“组合爆炸”问题。

在人工智能早期，产生式规则需要由逻辑专家手工编写，无法穷尽开放世界中的所有知识，因此不可避免地导致通用人工智能系统的失败。但艾德·费根鲍姆等敏锐地意识到如果限制规则编写的范围，这种方法可以将领域专家的知识固化为机器指令，开发更为实用的领域知识智能系统。人工智能系统的“智能”来源于其获得的专家“知识”，而不是逻辑推理的形式。在这种思路的引领下，产生式系统的开发设计不再追求模拟人类的心理认知过程，而以实现具体的领域任务为导向，使智能体获得人类专家的“知识”。由此，产生式系统逐渐演化为现代意义的专家系统，产生式系统中的规则库进而演化为“知识库”概念，推理引擎也由单纯的正向推理策略丰富为逆袭推理策略和双向推理策略。由于专家系统对知识的边界进行了限制，使人工智能摆脱了长期以来给人造成的华而不实的“玩具”形象，很快在智能规划、医疗诊断、智能控制等很多领域取得了前所未有的成功。可以说，正是专家系统让人们第一次真正感受到人工智能为人类社会所带来的实际用处。在专家系统取得的巨大成功的引领下，人工智能获得了第二次高光时刻的到来。也正是在这一时期，知识表示和推理成为人工智能研究的一个重要领域，对人工智能发展具有重要的影响，期间产生的有关术语、概念和理论在本体知识表示中依然得到继承和发展。

与严格的形式逻辑系统相比，专家系统由于采用了更为灵活的规则形式进行知识表示，以期获得更为良好的扩展性和易用性。但在实际应用中，由于知识规则主要依靠领域专家编写，因此很难得到大规模的应用。大规模、高质量的知识获取成为制约知识系统发展的瓶颈问题，也是导致第二次人工智能“冬天”的主要原因。虽然专家系统的知识获取问题依然没有得到有效的解决，但人们对专家系统的研究并未止步。随着人们对知识表示的理解更为深入，不确定性推理方法的发展完善，可解释机器学习的技术走向成熟，实现大规模通用专家系统的目标从未如此跃近，而当这一天真正到来时，也意味着人工智能先贤们所提出的人工智能梦想终于实现。

2. 语义网络

纽威尔和西蒙等提出的产生式系统是从人类行为模拟的角度，通过一组产生式规则对人类在解决某些特定任务时的经验法则进行表示，从而呈现出一定程度的类比智能。但由于产生式规则专家知识的编写严重依赖于人力手工劳动，要求规则的编写人员既要有领域经验知识，又要具有产生式规则编写经验，因而严重限制了产生式系统所能承载的知识规模。人类的知识经过数千年的积累沉淀，主要通过自然语言作为载体保存记录下来。从人类自然语言中获取计算机所能“理解”的知识，注定是人工智能所需要解决的一个重要的挑战。但产生式规则在表示自然语言中所蕴含的知识方面受到了严重限制。

从自然语言中抽取人类知识的本质就是把自然语言中的反映特定概念的术语和概念间的结构关系映射到人类认知的知识语义解释上。因此，所谓通过机器实现自然语言理解，就是构建可准确地捕捉人类自然语言中各种概念的语义模型。1966 年，Quillian 率先提出了“语义记忆理论”，开创了人们对这一领域的研究和探索。语义记忆理论的基础假设是人类记忆是由意识中存在的实体概念之间的联系所组成的。这种实体概念联系可以通过一种称为“语义网络”的图进行直观的表示，图的节点代表自然语言（英语）中表示实体概念的术语，而节点之间的边则代表术语之间的语义关系。同基于形式逻辑的知识表示方式一样，语义网络是一种断言式的知识表示语言。在 Quillian 的语义网络中，节点进一步区分为两种不同的类型："类型"节点和"符记"节点。其中，类型节点用于定义概念的内部结构，类型节点可被图示化地表示为一个几何平面。符记节点与类型节点直接连接，间接地指向其所关联概念的结构定义。Quillian 语义网络中定义了五种不同类型节点间关系：子类、修饰、分离、连接、主体/客体。

语义记忆理论所提出的语义网络是第一种用图的方式来直观地描述知识的语义模型。由于这种采用图的方式进行知识表示的方式非常符合人类的形象思维，因此这种基于图的知识表示的思想对后来的知识表示与推理研究产生了深远的影响。时至今日，仍然有很多研究者从图的直观角度对知识图谱甚至本体进行解读。但是 Quillian 语义网络本身也存在着很多问题，其中最为重要的是 Quillian 语义网络缺乏对概念类型和关系类型的"语义"解释，而主要依靠使用者的直觉或认知。在 Quillian 语义网络基础上，研究者通过不断引入更为丰富的形式语义构件，试图解决这个问题。1969 年，斯坦福大学的 Schank 等提出了"概念依存理论"（Conceptual Dependency Theory），通过引入命名属性的方法可以对节点间的关系类型进行任意的定义，从而丰富扩展了原本定义的五种关系类型。1970 年，Carbonell 对概念和实例进行了区分，从而进一步增强了语义网络的表达力。1976 年，Sowa 等提出了用于数据库概念设计的概念图（Conceptual Fraph）模型，并随后将其应用于人工智能、计算机科学、认知科学等更广泛的领域。在概念图模型中，概念和概念间的关系都通过图的节点进行表示（其中，概念通常用矩形节点表示，概念间的关系用椭圆节点表示）。此外，还增加了诸如类、层次结构等形式化语义要素，使概念图可以用于表示命题逻辑和一阶逻辑的合式公式。因此，概念图可被用于形式逻辑的可视化接口，以及对逻辑推理进行图解演算。

基于图的知识表示和推理方法对人工智能知识表示与推理研究产生了极为深远的影响。诸如本体、规则等多种不同形式的知识表示方法，均有其对应的图模型用于可视化的知识呈现；而基于图论基础中的"同态图"概念，甚至可以将逻辑推理问题转化为其他计算机科学问题，从而为知识的表示和推理研究开创了一种全新的范式。

3. 框架

虽然通过语义网络进行知识表示的方法引发了人工智能研究者极大的热情，但明斯基明确地提出反对意见。他认为，若要更紧密地将事实和过程联系在一起，需要更大粒度、更结构化的方式表示人类的思想。为此，他提出著名的"框架"（Framework）理论来表示不变情境下的知识结构。

在这种理论中，框架被视为一组通过关系互相交织的“节点”。这种节点是一种与语义网络中“平面”的概念类似，但是更加固定化的结构。框架的顶层代表了某种场景的不变状态，底层由一组“槽”（Slot）组成。对这些槽，可以分配特定实例或指定数据所必须满足的条件。通过一组密切关联的框架，可以构成所谓的“框架系统”。在框架系统中，可以通过不同框架之间的转换来反映某种特定的过程或动作。在同一框架系统内，不同框架可以共享某些槽，从而可以实现对同一场景从不同的角度进行描述。框架提供了一种以固定的视角对不同的场景进行描述表示的方式，明斯基详细地讨论了如何使用框架来表示视觉、语言理解、记忆等各种不同领域进行知识表示的方法。此外，由于框架系统中框架之间可以进行转换，从而在知识表示方法中有机地融合了知识操作的思想，有效地解决了形式逻辑中的知识无法重用的问题。

与语义网络所注重的对单独的术语概念进行表示相比，框架方法更加注重基于上下文的知识表示。框架作为一种更为结构化的人类思维描述方法，与同一时期 Schank 等提出的智能规划中使用的“脚本”（Script）方法十分类似。这种知识表示的方式被普遍认为是同一时期“面向对象”编程理论中数据结构表示方法在人工智能领域的延伸。

20 世纪 70 年代后半叶，产生了许多基于框架思想的知识表示语言。其中具有代表性的是 Bobrow 和 Winograd 等所提出的“知识表示语言”（Knowledge Representation Language）和 Brachman 提出的“结构化继承网络”语言（SI-Nets）。这些基于框架的知识表示语言的共同特性是都强调将相互关联的、具有内部结构的概念作为语言的主要原语，并引入了许多在早期语义网中不存在的知识结构原则。在知识表示语言中，知识是围绕概念实体和相关描述和过程进行组织的。所谓描述是对实体的不完整的知识，把不同的描述组织在一起可以呈现出实体的不同侧面的知识。这些描述可以被用来与已知的实体进行类比，而对知识的推理就是通过将新的描述与已知的实体集合进行类比的方式实现的。而结构化继承网络语言则是一种在认知理论上更为充分的知识表示语言。结构化继承网络语言的理论基础是假设人们可以区分概念和关系，那么这些概念和关系在语义网络中所处的位置可以用来解释这些概念和关系的字面含义。在结构化继承网络语言中，最著名的是 KL-ONE 语言，它是一种将语义网络和框架融合在一起的知识表示语言，即一种融合了断言式知识表示和过程式知识表示方式的混合系统。

框架在 KL-ONE 语言中表述为“概念”，是对领域知识进行组织和表示的基础。KL-ONE 语言中的概念通过具有内在结构的对象所表示。框架理论中的“槽”是描述这种内在结构的基础构件，在 KL-ONE 语言中表述为“角色”（Role），代表对象的属性或关系，而角色的取值称为“填充物”（Filler）。在 KL - ONE 语言中，概念被进一步区分为一般概念（Generic Concept）、个体概念（IndivIdual Concept）、个体对象（Individual Pbject），三者之间互相依存，通过彼此引用进行定义。其中，个体对象是基础，对应于现实世界中的存在；通过符号所表示的个体对象即个体概念；而一般概念是对具有共性属性的个体概念的归纳，即类别。因此，个体对象是一般概念的实例化。个体概念是对一般概念的具体化、对个体对象的符号化。三者之间的关系称为“Brachman 语义三角”。例如，“长城”是现实世界中的一个具体的存在，是一个具体的个体对象。这个对象在中文中表示为一串字符“长城”，在英文中表示为“Great Wall”。无论哪种符号都代表着一个与具体存在相对应的概念。同时也是对一般概念“建筑物”个体化后所得到的个体概念。也就是说，在一个符号系统中，个体概念可以概括为一般概念；反之，一般概念则可个体化为具体的个体概念。通过区分一般概念和个体概念，将个体概念归入到一般概念，从而实现了对概念层级化的表示。

（三）描述逻辑

人工智能第一次进入“冬天”之后，知识表示分别在两种不同的流派中进行研究，期间两者之间几乎没有互动。认知流派知识表示的理论基点是严格的形式逻辑系统，而启发式流派则提出各种不同的基于搜索方法的专家系统。归纳而言，认知流派侧重于语义角度的研究，而启发式流派则侧重于推理。但随着对人工智能知识表示认识的不断深入，人们意识到这种将知识表示割裂的研究思路自身有着极大的局限，单纯地采用形式逻辑进行知识表示，会导致智能系统缺乏灵活性和自适应性，但框架和语义网络则缺乏形式逻辑的语义表达能力。这两种对知识表示的研究方法应该是相辅相成的，好的推理算法取决于对问题语义的良好表达，而对语义研究的目的则在于能实现准确有效的推理。因此，寻求一种既具有很强的语义表现力，同时也具很高的推理效率的形式化语言逐渐成为知识表示研究的主要目标。

到了 21 世纪初叶，伴随着语义网（Semantic Web）技术的出现，知识表示这种割裂的研究局面得到了彻底的改观，知识表示被统一到“本体”

的框架之中。也是从这一时期起，出现了一系列的描述逻辑语言，为本体知识库的构建提供了重要逻辑形式基础。前文介绍的框架语言 KL-ONE 被认为是第一个基于描述逻辑的计算机语言。描述逻辑是一系列形式化的语言集合，用于描述和解释领域的相关概念（或称术语知识）。通常来说，描述逻辑的语义表现力比命题逻辑更强，但比一阶逻辑弱。描述逻辑可进一步区分为一般描述逻辑、空间描述逻辑、时间描述逻辑、时空描述逻辑和模糊描述逻辑，每种描述逻辑通过支持不同的数学构造集在问题语义的表达性和推理复杂性之间获得不同的平衡。

描述逻辑通常被认为是基于框架的语言的直接继承者，早期描述逻辑系统与基于框架的系统在概念和描述之间的区别并不明显。在基于框架的系统中，“概念”是描述所关注的主要对象，而在描述逻辑中，描述本身就是一个重要的关切。因此，在描述逻辑中对知识的表示方法，从基于框架语义的概念表示转向描述（或形式逻辑所称的“公理”）为中心的语义表示，而概念被定位为只是多个描述所组合成的一些认知上可信的集合。

从形式系统的角度看，描述逻辑的本质是一阶逻辑的片段，描述逻辑的语义是通过模型理论将实际环境抽象为集合结构进行某种解释时才能推断为真或假。例如，“人在打球”可以推断为真的前提是这个语句可以映射到现实世界中的某个相应的场景，具体而言，句子中“人”这个符号可以映射到现实世界中某个具体的人，“球”这个符号可以映射到现实世界中某个具体的球，而“打”这个符号可以映射到这个人与这个球之间的实际关系，这个现实世界中对应的场景即为描述逻辑中域的概念。在描述逻辑的术语中，将使某个句子为真的解释称为该句子的模型。

从形式化的角度定义，所谓描述逻辑的模型 $\mathcal{I}=(\Delta^{\mathcal{I}},\ \cdot^{\mathcal{I}})$，其中 $\Delta^{\mathcal{I}}$ 即为域，$\cdot^{\mathcal{I}}$为将个体名称映射到该域中某个元素（或称个体对象）、将概念（或称类）的名称映射为该域中某个子集、将属性名称映射到该域中某个二元关系的解释函数。设某描述逻辑的知识库$\mathcal{K}$的字典 N 可表述为一个三元组 $\{N_I,\ N_C,\ N_R\}$（或称签名），其中，N_I 为个体名称集合、N_C 为概念的名称集合、N_R 为角色名称集合，则 $\cdot^{\mathcal{I}}$可将该知识库中的每个个体名称 $o\in N_I$ 映射为域中的一个元素 $o^{\mathcal{I}}\in\Delta^{\mathcal{I}}$，每个概念的名称 $\mathcal{C}\in N_C$ 映射为域的子集 $\mathcal{C}^{\mathcal{I}}\subseteq\Delta^{\mathcal{I}}$，每个角色的名称 $R\in N_R$ 映射为域中所有可能的个体对所组成的集合的子集 $\mathrm{R}^{\mathcal{I}}\subseteq\Delta^{\mathcal{I}}\times\Delta^{\mathcal{I}}$。因此，在描述逻辑知识库中公理的语义是通过知识库的个体、概念以及属性间的关系，及其对应模型上的约束条件来赋予的。例如，如果在知识库中概念 A 是概念 B 的子概念（$\mathrm{A}\subset\mathrm{B}$），则该知识库的模型中 $A^{\mathcal{I}}$是 $B^{\mathcal{I}}$的子集（$A^{\mathcal{I}} \subseteq B^{\mathcal{I}}$）。从这个例子中可以看出，描述逻辑公理的语义产生于该公理与其他公理的关系，而非个体或概念本身的含义。在所有的描述逻辑知识库中，必须包含两个基础性的概念："顶"（$\top$）和"底"（$\bot$），其中，顶即域的全集（$\top^{\mathcal{I}} = \Delta^{\mathcal{I}}$），而底为空集（$\bot^{\mathcal{I}} = \emptyset$）。

这种定义描述逻辑公理语义的方法具有重要的含义。知识库中的每一个断言都只是对知识库可能模型的一个限制。反过来说，这意味着那些没有被明确表述的事实仍然可以被假定为存在。因此，描述逻辑采用的是开放世界（Open World）假设，即当且仅当一个公理对应的模型不是知识库的模型的情况下，这个公理才是"假"的。因此，在描述逻辑中，逻辑"反"的运算是难以执行的。

同时，由于描述逻辑出现的主要原因是为了寻求计算复杂与语义表达性直接的平衡。因此，在描述逻辑的研究领域，存在几个具有不同语义表达能力的基本构造块，通过对这些构造块进行不同的组合，可以构建不同的描述逻辑。其中，每个构造块都通过一个约定俗成的字母代表，其组合则给出了特定描述逻辑的名称。

主要包括：

$\mathcal{AL}$代表定语描述逻辑，包括可表达原子非、概念交、全局限定、有限存在量词等不同语义的构造块；

$\mathcal{FL}$ 代表基于框架的描述逻辑，包括概念交、全局限定、有限存在量词、角色限制等语义构造块；

$\mathcal{EL}$ 代表存在描述逻辑，包括概念交、全局存在量词等语义构造块。

此外，还存在很多不同的扩展构造块，例如：

$\mathcal{C}$ 代表"复杂概念非"构造块；

$\mathcal{O}$ 代表"名词"构造块；

$\mathcal{I}$ 代表"逆属性"构造块；

$\mathcal{N}$ 代表"基数限制"构造块；

$\mathcal{H}$ 代表"角色层级"构造块；

$\mathcal{E}$ 代表"全存在量词"构造块；

$\mathcal{F}$ 代表"函数属性"构造块；

$\mathcal{U}$ 代表"概念并"构造块；

$\mathcal{R}$ 代表"角色不相交"构造块；

$\mathcal{Q}$ 代表"限定基数限制"构造块；

(D) 代表“使用数据类型属性、数据值或数据类型”构造块。

上述构造块通过不同的组合可以构成具有不同语义表示能力的描述逻辑。例如，$A\mathcal{L}I$ 即为一种最为常见的描述逻辑，意指在 $A\mathcal{L}$ 基础上允许任何概念的补充，而不仅仅是原子概念。而对一些常用的描述逻辑，通常可进一步进行缩写。例如，S 是具有传递角色的 $A\mathcal{L}I$ 的缩写，则 $\mathcal{SHIQ}$ 代表具有扩展的基数限制，传递和反转角色的 $A\mathcal{L}I$。

由于描述逻辑对计算效率的关注，则进一步分化出术语箱（TBox）、角色箱（RBox）和断言箱（ABox）三种不同的公理描述范式。其中，术语箱包含描述概念层次结构的语句，角色箱包含属性特性及其关系的描述，断言箱包含关于个体在层级中位置的断言。尽管这些不同的公理描述范式之间并非具有本质上的区别，但根据不同的公理描述范式进行不同类型的推理，会显著提高推理机的性能。例如，对于采用术语箱范式描述的公理通常采用分类器进行推理，而采用断言箱范式描述的公理更适于使用个体检验的方式进行推理。

三、知识表示的认知理论

在人工智能知识表示的发展历程中，框架是一个重要的思想里程碑。这是因为框架提供了一种更为严谨、规范的表示知识的范式。与形式逻辑、语义网络等其他知识表示方式相比，框架或基于框架的语言更易于被人们理解和操作。采用框架的方式进行知识表示，不仅来自以明斯基为代表的认知心理学研究的驱动，同时也源于人们对“知识表示”本身的深入思考，即知识表示的本质是什么、如何定义，而后者具有更重要的意义。认知心理学理论探索和知识表示实践交互作用，启发了研究者们深入地思考两个对知识表示具有根本性影响的问题：

（1）机器表示和它所表示的事物之间是什么关系？

（2）表示所采用的语言与表示本身又是什么关系？

人们对知识表示研究的侧重点从最初的心理学合理性转向求解知识、表示和知识表示语言的认知状态。虽然诸如形式逻辑、语义网络等断言式知识表示语言和过程式的产生式系统等不同的知识表示方法都试图从不同层面回答这两个基本问题，也对知识表示的含义是什么，其基本内容应该包含什么，以及知识表示与它所代表的世界的关系进行了一些探索，但对这两个基本问题做出本质性的解答，仍需要从认知论的角度进行深入的剖析。

（一）知识、表示与语言

在人工智能发展的过程中，始终伴随着对于知识本质的探索。纽威尔认为，知识是应该层级化的计算机系统中的一个层级。经典的计算机系统从体系结构上可分解为若干层级，在系统的最底层是逻辑电路组成的“物理层”，其上是处理器“指令层”，在“指令层”之上是计算机程序代码构成的“符号层”。在这种层级化系统中，每一层子系统的操作都可以归约为其邻接的下一层子系统中更为基础的“微”操作。在计算机系统层级化结构的基础上，纽威尔提出“知识层假说”，他认为，在计算机系统符号层（即计算机语言及程序）之上还存在一个“知识层”。知识层子系统以知识作为媒介、理性原则作为运行的行为准则。同计算机系统其他层级子系统一样，知识层子系统可将对知识的操作归约至其下一层级（符号层）中的程序指令。

纽威尔认为所谓“知识”即知识层本身，而知识表示是通过其下一级的符号层子系统实现的。也就是说，无论哪一种形式的知识操纵系统（或“智能体”），都是通过符号层的指令来表示其中抽象的、隐性的概念的。但纽威尔对知识和知识表示的观点与层级化计算机系统的概念并不一致。在计算系统中，每一个层级的子系统都应该能够进行自主定义，也就是说，每一层级子系统的定义不应依赖于其他层级的子系统。同时，每一层级的子系统应该是具体的，而不是抽象的。也就是说，每一层级子系统中的概念应该可以被其下层级子系统所描述。因此，从这个意义上说，如果在计算机系统中存在一个“知识层”的话，对知识层的表示不应该依赖于其他层级子系统，知识表示应存在于知识层本身。知识表示应该是对“知识”的表示，而不是对其他物理概念的表示。在知识层中，对知识的表示可通过“概念”“任务”“目标”等与知识相关的构件来实现。

从本质上讲，知识本身就是人类对现实世界某种抽象的表示。因此，知识表示可以被抽象认为是知识的知识，那么则可以用与知识表示现实世界相同的方式对知识进行表示。在这一点上，KL-ONE 语言对概念与对象个体之间关系的处理方式，给出了一个很好的启示。在 Brachman 的“三角”理论中，现实世界中的存在（个体对象）可通过个体概念被指称，而个体概念可被归纳为一般概念。在这里，个体概念和一般概念共同构成了现实世界中存在的知识。如果对这种方式推而广之，那么作为知识的个体概念可被知识表示中的“个体概念”所指称，而作为知识的一般概念可被知识表示中的“一般概念”所指称。在知识表示中，“个体概念”是对“一般概念”的个体化，而“一般概念”可被进一步泛化为“元概念”(概念的概念)。在这种理论中，所有的知识表示都是通过现实的知识来体现的，但在实际操作中，通常很难明确地区分现实与知识的边界。对于人类来说，最好的表示现实世界的系统就是我们每天都在使用的用于理解现实的心智模型。

“知识层”的引入帮助我们对知识和知识表示的关系有了清晰的认识，但并没有回答知识表示与表示知识所使用的语言之间的关系问题。对于断言式知识表示语言，Brachman（1979）在回顾分析使用语义网络进行知识表示的经验和教训时，对不同类别的语义网络进行了区分，提出了实现层、逻辑层、概念层和语言层等几种不同的语义网络类型。其中，每一种类型（或层级）的语义网络都代表一种特定的“层次”概念。例如，在实现层，语义网络即图的数据结构，其中图的边可通过指针实现，而节点则是指针的目标。在语义网络发展的过程中，为了通过语义网络表达形式语义，语义网络节点可被认为是谓词或命题，它们之间的逻辑关系被视为语义网络的边，这类语义网络即所谓的逻辑层语义网络。基于逻辑层的语义网络，Brachman 提出应该引入“认识层”语义网络，定义形式化的知识结构原语，表示概念的内部结构及概念间的相互关系。前述的 KL-ONE 语义在某种程度上是一种认知层的语义网络。语义网络出现的初衷是为了捕捉英语中单词的概念含义。Brachman 将这一类的语义网络定义为概念层语义网络，这类语义网络的边代表单词（节点）之间的格关系，以表示单词的含义。在这一层级，语义网络的结构开始呈现一定的语言相关性，网络中节点之间的关系具有隐式知识原语的作用，可以包含概念元素和关系。在更高的语言层级，语义网络依赖于特定的语言表示某个领域中存在的任意类型的节点和关系。

Brachman 提出的语义网络分类理论，可理解为对现实世界进行不同层次的细节化“放大”或抽象化“缩小”，其中每一个层级的语义网络都是某一层面现实世界结构的一种特定的语义解释。例如，对最抽象化的语言层语义网络进行放大，可以在概念层查看构成语言基础的格结构和概念，如果再一步放大，可以在认知层看到这些概念的内部结构，以及将它们联系起来的具体方式。在此基础上，Brachman 对知识与语言之间的关系做出了具有一定思辨性的总结，他认为语言是在特定的层次上设计的可充分表示知识原语，其所表示的知识类型是通过原语的层次来进行相应表示的。此外，Brachman 认为，用于充分支持（特定层次）知识表示的语言应该是与其所要表示的知识本身无关的，但同时应具有足够的表达能力来解释其所要表示的知识。为达到这一目的，知识表示语言应该规定合法的操作，并提供其原语的形式化定义。

在很长一段时间内，知识表示的认知批评主要针对断言式知识表示方法，并没有触及过程性的产生式系统。虽然产生式系统信息处理体系结构中的“存储器”存储着关于现实世界知识的简单断言式规则，但这些规则的层次结构通常非常简单，且语义有限，因此基本上被视为一种数据库。直到 1983 年，Clancey 在 Guidon 项目中试图将 MYCIN 医学专家系统中的规则重新“转化”为专家知识，以对专家系统诊断推理过程中的每一步原理进行解释时，发现过程性的知识表示方法存在另一种形式的认知问题。MYCIN 医学专家系统在最初设计时，通过使用一种简单的启发表示机制以期对系统推理过程进行解释，但 Guidon 项目研究发现 MYCIN 系统中的这种内置解释装置由于没有足够的关于 MYCIN 系统规则库结构的信息，无法真正对许多 MYCIN 系统的规则进行解释。Clancey 经过研究认为，在专家系统设计时，问题解决的原理被隐式地“编码”在规则的排列方式中。因此，如果要对专家系统的决策原理进行解释说明，则需要从这些规则的排列顺序中提取出那些隐性的知识。

Clancey 通过对“目标”“假设”和“规则”这三个概念进行区分，试图阐明专家系统规则库中领域知识如何通过不同的方式被隐性编码。其中，“目标”即为需要智能系统解答的问题（例如，“什么感染”）。“假设”是问题的潜在答案（例如，“细菌感染”），同时也是规则的结果。当某条规则的前因条件得到满足被激发时，这条规则的结果就会得到确认。与此同时，这条规则的前因条件本身又是回答某个其他目标（“什么会引起感染”）的假设（“大肠杆菌”或“双球菌”）。通过这种区分，可以清楚地显示专家系统在遍历搜索空间时，目标、假设和规则三者之间的交互方式：规则前因条件的排列顺序会影响专家系统目标的执行结果。因此，决定规则前因条件排列顺序的基本原理需要通过专家系统的问题解决策略来表述，而专家系统的问题解决策略则需要进一步借助结构化的领域知识才能够得以清楚地表达。

此外，基于领域知识，可对规则中的前因条件与结果之间的关系进行不同的分类。Clancey 提出了四种不同类型的规则分类，从而确定了四种不同类型的规则，分别是识别性规则、因果性规则、常识事实规则和领域事实规则。

Clancey 的规则分类方法可视为结构化的域理论，可以更明晰地表述智能系统的问题解决策略，并对域模型（知识库）进行更明确的“索引”。通过这种方法，人们可以相对独立地思考产生式规则系统的不同组件的构建，而不是“一锅粥”地去编制规则。由此，产生式系统也从之前具有主导地位的启发式视角，转为更加注重对其所涉及知识的认知分析。

（二）知识表示的评价

Chomsky 早在 1965 年就提出了用于评价不同层级语法表达能力的指标，即观测充分性、描述充分性和解释充分性。麦卡锡和海耶斯在 1969 年提出了与之类似的评价知识表示表达能力的指标，包括本体充分性、认知充分性和启发充分性。其中，本体充分性衡量某种知识表示方式是否能够表达在现实世界中所有的存在，认知充分性用于衡量某种知识表示方式是否能够表达智能体（人类或机器）所需要知道的所有现实世界中的存在，启发充分性用于衡量某种知识表示方式是否可以在机器上高效运行。

麦卡锡和海耶斯所提出的衡量知识表示的不同指标，对于人工智能的发展产生了非常重要的影响。从某种角度上可以认为，由于追求认知充分性的断言式知识表示方法（例如，语义网络）和追求启发充分性的过程性知识表示方法（例如，产生式系统）在分析问题的角度、追求的目标和用于知识表示的符号体系上差别巨大，以致人工智能研究分裂为了截然迥异的发展方向。

我们今天已经意识到，不同的知识表示方法在本质上是有不同的观察角度。在人工智能知识表示与推理中，“表示”注重的是（通过长通过断言式的表示方法）以充分表示对世界的认知，即认知充分性；“推理”侧重于通过过程式的知识表示方法高效地解决问题，即启发充分性。人工智能应该在追求认知充分性和启发充分性中取得一种平衡。

首先，启发式的过程知识表示方法和认知式的断言知识方法仅是看待问题的角度不同，但它们所表示的知识在本质上是相同类型的。例如，在典型的断言式的表示方法框架中，对“槽”的赋值即一种具有推理色彩的过程式知识表示方法；反之，在过程式的产生式系统中也有关于现实世界事实知识的表示，因此产生式系统同样面临着认知充分性的考量。而对于 KRL 和 KL-ONE 等混合式系统，则更是将断言式的概念定义和过程式的规则进行融合表示。

其次，这两种知识表示方法同时又是相互影响和彼此作用的，有效的断言式知识表示必须伴随某种形式的推理，否则这种关于事实的知识表示本身毫无意义。从这个观点上看，断言式框架语言中的推理机本质上就是启发式规则。同样，任何有意义的过程性规则必须基于合理的断言式的事实表示，否则无法进行。

在前述的对知识、表示与语言三者之间关系的研究中，纽威尔指出，认知性的知识和启发式的知识都应该在知识层中进行表示，Brachman 和 Clancey 认为知识表示语言应该提供构建知识的基本元素，其中 Brachman 强调需要对表达知识结构的原语进行明确的定义。而 Clancey 进一步区分了知识（库）的不同组件，以及不同类型的知识之间的交互机理。

到 1993 年，Davis 等通过引入本体的观点，对知识表示的认知充分性和启发充分性两种不同角度的知识表示评价指标进行了整合。他们的研究基点是，关于知识表示的争论源自不同的知识表示方法具有不同的作用。但无论一种具体的知识表示方法的作用是什么，知识表示本质上是现实世界中具体特定领域的特定“事物”的符号表示。通过对现实世界进行符号化表示，可实现通过符号演算来对现实世界某个领域进行仿真模拟。由于没有一种知识表示方法可以完全表示现实世界中领域知识的全部内容，因此只能选择特定的观察视角对领域知识进行有限的符号化表示。因此，知识表示本质上应是一种本体规则集合，其核心作用是对某个领域的描述术语的本体承诺。

这种本体承诺不仅与特定的模型有关，而且与所使用的知识表示语言有关。任何有效的知识表示语言不仅应是以特定的方式对问题进行形式化的媒介，还要具有标准化的推理机制，以使人工智能系统在对领域事实进行充分表示的基础上，实现对问题求解的高效计算。因此，设计良好的知识表示语言，通过将知识表示与符号语言相结合，实现了一种有效表示人类知识的媒介。

四、知识获取

在 17 世纪，威尔金斯和莱布尼兹便指出，针对某项特定任务的解决需要积累大量的知识，并对这些知识进行有效的表示，这一过程本身是一项十分艰巨的工作。例如，前面所讨论的专家系统需要大量的专家来手工编写产生式规则。因此，大规模的知识获取成了人工智能需要突破解决的一个重要瓶颈性问题，而对于这一问题至今仍没有有效的解决方法。

在早期的专家系统开发中，知识规则以一种随意的、增量的方式进行构建。这种随意性的知识获取方法会使诸如问题解决策略等重要知识被隐式地嵌入在手工构建的规则中，使除了知识系统的设计者之外的其他人很难理解这些系统的工作原理，导致早期的专家系统很难被复用于最初设计之外的其他用途。此外，这种无序性知识获取的另一个问题是无法对系统的正确性进行有效的检验。

因此，知识获取应该是一项工程性的任务，在一定的原则性方法指导下有序进行，而不应简单地无序编写。同时，知识获取所遵循的原则和方法还应具有保证所获取的知识质量的核验能力。

（一）知识建模

20 世纪 90 年代，主流的知识获取技术采用工程化的方法，通过一系列的步骤进行知识建模。这些工程化知识建模的方法从定义系统的功能目标到具体的知识获取方法、从系统的规格明细到具体的实现方法，遵循一系列定义明确的步骤实现系统化的知识库构建方法。这种工程化的知识建模方法后来被进一步扩展为“知识工程”。

例如，在经典的知识建模方法 KADS 中，“知识获取”被定义为在知识层上构建的概念模型，而知识表示则是将这种抽象的知识层模型实现为具体的知识库。这种知识层的概念模型本质上是一种符号化的设计模型，并且受到诸如计算效率、可解释性、开发难易度等其他因素的影响。在知识工程中，很多生产工具都支持这种知识层的抽象建模。例如，本体工程中普遍使用的 Protégé 工具就支持这种在知识层的抽象知识建模，同时可以将知识层的设计模型自动转换为 Clips 规则库。

如果能够有效地将知识从具体的结构描述中抽象出来，那么知识系统就可以在 Newell 定义的知识层上进行抽象的表述。在知识层对知识系统进行描述是通过对系统的功能进行描述实现的。因此在知识层的知识描述中，知识表示的具体实现方式被隐藏起来。这种基于系统功能的角度对知识系统进行描述的优点是在构建抽象的知识概念模型时可以不必考虑具体知识系统的实现方式，因此对特定知识表示语言和系统构建技术没有偏向性。同时，将知识系统的概念模型与具体的知识表示技术相分离的另一个显而易见的好处是，由于没有了技术细节的束缚，可以使领域专家更容易地使用知识模型，将人类专家的内在领域知识快速地表达为符号性的外在知识，极大地改善了 Feigenbaum 在 1980 年所描述的领域专家“知识获取”困境。

在知识层从功能描述角度进行知识建模的另一个好处是可以在某种程度上实现知识复用，解决 Bylander 和 Chandrasekaran（1987）所提出的著名的知识交互问题（Interaction Problem）。也就是说在知识系统中，不同类型的知识无法完全被彼此剥离。交互问题直接导致了知识无法被有效地复用。Clancey（1983）将知识的可重用性视为衡量知识表示认知充分性的一个具体的指标，同时指出知识可重用的关键是能够将知识的类型进行有效的区分。交互问题的根源在于在传统的专家系统中，系统的任务目标直接影响系统内领域知识的结构。通过在知识层对知识系统进行更高层次的抽象描述，可以使知识的表示不受知识结构和技术实现等细节的影响，因此人们认为在知识层可以实现某种程度的知识复用。

为了实现在知识层上对知识系统的复用，解决知识交互问题，首先需要能够识别知识模型中不同知识元素所发挥的作用，即其在知识模型中所承担的角色。对于专家系统而言，则需要区分认知性知识和启发性知识。例如，在 KADS 方法中，知识被区分为“控制知识”和“领域理论”。所谓控制知识是指控制系统如何实现任务目标和解决问题的知识，包括控制如何对任务目标进行分解的任务知识和构成推理机制的推理知识。所有的控制知识共同构成描述，如何解决某种任务的策略和方法。知识交互理论告诉我们，控制知识无法完全与领域理论相剥离，但控制知识和领域理论之间过于紧密的联系会严重地影响知识的复用。因此，对控制知识的复用必然伴随着对领域知识的描述。

在专家系统中，领域知识表示为控制过程中的“角色”形式，体现出领域知识的认知含义。而“角色”的取值，即角色填充物，为领域知识中的分类。在此基础上，将领域知识中的分类与更为通用的领域理论中的分类相对应，从而实现了对控制知识的复用。换言之，在专家系统中，领域理论具有双重作为：一是作为控制知识的索引；二是描述专家系统内在的“知识”类别。由于从某种角度来说，领域理论表达出专家系统中恒固性存在的知识，因此可以认为领域理论是一种“本体承诺”。

（二）语言表达能力与计算效率

诸如前述的 KADS 知识工程方法不仅对知识层的建模有深远的影响，而且对知识表示语言的选择也有重要的意义。虽然知识层的知识建模从心理学和理性认知的角度将问题解决推理策略抽象为“元”层次，但任何知识系统本身仍然需要在符号层上实现。因此，对于知识系统而言，除了需要考虑知识的复用问题，也需要考虑计算效率等方面的问题。

以 KL-ONE 为代表的融合了断言式知识和过程式知识的混合系统已经成为最主要的知识表示语言，它们已逐渐在知识系统领域理论表达中发挥着越来越重要的作用。以 KL-ONE 语言为例，KL-ONE 推理机制的核心是确定概念在网络中的位置，其本质是对概念进行“分类”。由于分类是逻辑推理的一种形式，因此 MaCarthy 和 Hayes 首倡的逻辑方法又重新成了知识工程领域的主流，自此形成了一个完整的知识表示理论体系：Levesque 和 Brachman（1985）所倡导的功能规范在知识层对知识系统进行描述，而其知识组件的确切语义则得到形式逻辑的坚固支持。

此外，Levesque 和 Brachman（1987）研究了知识表示形式的表达能力和计算效率之间的关系，明确指出表达能力强的知识表示语言通常推理效率很低，甚至是不可判定的；反之，对知识表示语言的表达能力进行限制则可以确保计算易行性。因此，Levesque 和 Brachman 引用了 Doyle 和 Patil 所提出的“限制语言理论”，即通用知识表示系统应通过省略需要非多项式时间（最坏情况响应）处理的结构限制其语言的复杂度，从而进行正确的概念分类。显然，这一理论不符合传统的知识库理论所要求的完备性和完整性要求。但是，对于大部分知识系统来说，完备性和完整性要求一样过于严苛。在许多实际应用中，不可判定的推理并不会产生严重的后果，因此应根据知识表示语言是否提供合理或最佳的结论，而不是逻辑合理的结论作为评估指标。

因此在 KL-ONE 及其继承者等混合式知识表示系统中，通常都实现了完备但不完整的子类包含算法。其主要原因是，完备且完整的算法对于许多计算语言来说至少是 NP 困难的，这意味着兼具完备性和完整性的算法在现实中是难以实现的，但不完整的算法复杂度则可能是存在多项式时间的。因此，对于通常具有临界响应时间要求的实际智能应用系统来说，计算易行性是在选择知识表示语言时一个很重要的决策因素。

第二章

知识本体

在新一次人工智能浪潮的时代大背景下，“本体”这个在上一次由专家系统推动的人工智能浪潮中风靡一时的概念，再一次唤起了人们的关注。本体是一个涉及许多学科领域但依然无法取得共识的概念。在哲学、人工智能、系统工程、信息管理、计算语言学和认知心理学等不同领域，专家对本体的内涵都具有不同、有时甚至互相矛盾的定义，这导致本体成了一个令人十分困惑的概念。因此，本书首先将简要概述不同领域对本体概念的不同观点，并在此基础上，从知识表示以及管理的角度对本体概念进行统一的解读。

哲学家康德曾说过，本体论是关于事物一般属性的科学。这门科学是基于人们的先验认知给出的一些基本概念和命题，作为一种普遍的方法可以用于表示世间万事万物的属性，而不是某一个具体的特定对象的属性。为了简单起见，我们曾假设前述的领域理论和本体的概念直接对应，可事实并非如此简单。尽管“本体”的概念为人们普遍知晓，但该术语仍未精确、恰当地描述其所指代的事物。大量学术刊物的主题围绕着某个特定的本体、某些本体语言、某种建立本体的方法，或是比较不同本体之间的差异。其中不少文章都对“本体”这一概念进行了定义，尝试说明本体的本质。其中，Gruber 的“本体是概念的明确规范”这一定义被广为引用。

一、“本体”的哲学起源

在哲学中，“本体论”这一术语用于分析现实的基本组成部分，通过第一性原理对“存在”这一概念进行形而上学的研究，即某物因何而存在；我们如何确定某物的存在？正如莱布尼兹所说：“本体论是关于事物和虚无、存在和不存在、事物和事物模式、物质和偶然的科学。”因此，本体论是自上而下地解构我们所感知到的现实世界，消除其中的偶然成分，简化为最基本的构成。结合康德所描述的“科学本体论”，我们可以认为哲学本体论重点研究的对象是所有事物共有的一般性质，而非某个特定类别的事物，并用这种共性来构建对现实世界的完整表述。哲学本体论作用于论域的元层次，旨在找出那些可用于解释特定差异的通用元素。正如亚里士多德对本体论的描述：本体论尝试回答“存在是什么”。因此，哲学本体论的目的不是定义一套术语词汇字典，而是旨在找出描述世上事物的词汇。哲学本体论的世界观通常采用唯实主义，即现实世界独立于人类观察者而存在。它假设（或者说要求）本体中的元素与“客观存在”的实体直接对应，并且专注于描述“存在”的原语。因此，本体的作用是直接捕获论域。使用这种高度抽象的概念，哲学家可以对某些本体理论的原语进行先验推理，他们认为这些原语是人类思想和理性的原始元素。

哲学本体论研究必然会导致出现一个具体化某些“本体”的实体。形式本体论就是研究这个问题的一个哲学分支领域，它通过将本体论扩展为两个方向来进行研究，一方面用形式语言（一阶逻辑）捕获本体理论，另一方面研究“存在”的形式和模式。因此，麦卡锡在人工智能中引入“本体”这一术语无可厚非。他的目标是基于一套固定的基本原则，用“本体”作为形式表达的方法。这几乎完美地对应了形式本体论中对“本体”的描述。然而这种做法是把“双刃剑”，一旦“本体”被赋予了固定的形式规范，那么它就面临着人工智能中知识表示所面对的限制，即本体的句法形式势将影响本体的语义质量。

形式主义和设计选择是否会对本体产生影响是哲学和人工智能之间一个最为显著的差异。在哲学中，人们认为表示和语言之间没有依赖关系。在以莱布尼兹为代表的传统哲学本体论中，本体是用所谓的理性思维的通用语言——逻辑来表达的。尽管如此，依然存在反对逻辑方法表示形式本体的论证。早在 1978 年，Smith 便提出使用一阶逻辑去精准定义哲学概念本身就是个错误，会导致对世界过于简单化的描述。而这种过分简化并非源于使用了形式语言，而是由于使用了过于简化的数学形式造成的。为论证这一观点，Smith（2005）进一步阐述，将本体形式对应一元和二元谓词（将本体形式等同于逻辑形式），这种观点混淆了形式本体的“用一种形式语言来捕获本体理论”和对“存在形式”的研究目的。

在形式逻辑中，谓词具有语义，而主体只是一个“毫无意义的名称、纯粹的符号”。但在 Smith 主张的形式本体系统中，承载语义的不应是谓词而应是谓词的主体。谓词本身只起到联结变量和常项的作用。在他提出的系统中，Smith 完全排除了一元谓词，并将允许使用的关系型谓词数量限制为一个固定的集合，其中包含归纳关系、隶属关系和依存关系。这种对形式本体的限制与 20 世纪 70 年代对语义网络进行改进的思想颇为类似。当时，人们批判语义网络的结构过于普通，语义极其不明，因而提出一组基于知识结构原语的固定集合的新的语言。

与 Smith 将语义赋予谓词主语的方法不同，Guarino（1994）提出通过制定语义约束来限制谓词的范围，以表达诸如实体谓词之间的区别，即某个谓词是否指称了某个实体，还有仅描述了实体一个特性的。通过这种方式，在某些知识表示语言中使原语具有严格的本体基础，以确保不同领域理论解释的一致性。

然而，从知识表示的角度来看，如何在实体上对谓词进行先验区分的机理依然还不清楚。要判断一个实体的某些谓词是否满足其形式本体要求，只能根据论域内的实际实体进行检验，而论域内的实际实体除了用谓词指定之外，并没有其他的形式化指称方法。由于在形式本体中使用的语言并非本体中立的，因此在实际使用中需通过在本体的各个部分（而非单独个体上）对其谓词进行量化，或者区分谓词的不同本体类别。

二、人工智能“本体”

在人工智能领域，麦卡锡首次从哲学领域借用了“本体”这个概念，用来指代存在于常识知识的描述中的事物。哲学中的本体论与麦卡锡的观点是吻合的，即智能体中的知识应当基于少量的准则。但是，人们对“本体”的定义与 Gruber 的本体定义没有显著区别。从某种程度上，定义本体对我们理解“本体”的帮助不大。本体的定义没有统一的标准，可以从浅显的术语描述到使用艰涩的哲学原语进行形式化规范。众多不同版本的本体定义并没有给出定义所依据的基本原理和观点，而且当脱离了相应语境时，都不够详尽、精确。所以经常出现当某位研究者给出一个“本体”定义后，他的观点常常被其他研究领域的人士所批判。因此，人们至今仍普遍引用 Gruber 的“本体”定义。

“本体”定义在人工智能领域无法进行统一的定义说明在不同的领域“本体”具有不同的含义。在知识获取领域中，“本体”不再是“存在理论”，而是领域理论构件（“概念”）的反映。因此，本体的含义发展成为人工创造的用于知识表示的“概念体系”。如前所述，在基于知识的智能系统中把领域知识与问题解决知识相剥离是一个规避交互问题的有效方法，同时也可有效地提高知识模块的复用性。起初，将领域知识和问题解决知识相剥离并不是指在物理的知识系统中对两者进行区分，而是指对领域知识和问题解决知识应当分别建模。由于领域知识模型限制了基于知识的智能系统中能够存在和推理的内容，因此可以说领域模型就是一个本体。这种观点符合 Gruber 和 Schreiber 对本体的定义，即本体是一个显式的、局部性的概念体系的规范，它提供了一种元层次的领域理论建模方法，以实现知识系统的模块化设计和复用。在这种定义下，本体是一个用来表示领域知识规范的概念。同软件工程中规范的含义一样，对于用于表示规范的本体，其具体存在形式可以包括文档、原理图、文本描述等。这种存在形式的规范也正是 Gruber 所意指的本体，因此他进一步将这种本体规范称为“本体工程”。

Schreiber、Gruber 等认为，本体是系统设计中必要的第一步，用以为进一步的物理信息系统实现提供规范框架。如同启发式问题解决方法的本质是通过抽象描述实现对推理的复用，本体也是通过对领域知识的抽象描述来实现知识的复用。例如，可以在开发某种提供知识服务的智能系统时，通过参考本体来选择相应的知识组件，或者在重新开发某个领域的知识系统时，参考相应的领域本体。

在这个基础上更进一步，本体可以被视为提供了一种知识的体系框架，实现更加系统的新知识获取和知识梳理，起到引导领域知识获取的作用。例如，一个通用的医疗诊断专家系统至少需要一套标准的用于诊断的问题解决知识和人类生理学知识（本体）。而更加专业的（如针对某种特定疾病）诊断专家系统则需要更加专门的诊断问题解决知识和在人类生理学知识基础上更加细化的病理知识。本书前述中提到的领域知识（本体）和问题解决知识都是对智能系统的规范，而不是知识系统本身。因为符合本体规范的知识组件也就是符合这个本体，所以实现相同本体规范的不同知识组件比实现不同本体规范的知识组件更为兼容。本体的这种用于系统规范的作业很快就引起了人们的关注。很快，研究者们意识到本体不仅可以作为系统的知识组件之间共享领域知识的方法，而且也可以在整个系统的层面上共享传递领域知识。本体使在系统之间，以及人与系统间的共享知识成为可能。

此外，本体技术也被越来越多地用于在组织中进行知识管理，以实现在不同的员工群体间共享知识。人们在实践中发现，在工程领域中的任务分解和问题解决方法中的有关概念也可用于对组织和商业过程明确表达。因为领域理论可以捕捉到相关领域中专家们的知识，因此它可以从总体上描绘出某个机构中所有成员的专业知识分布，从而可以发现个人之间以及组织单元之间在专业技能上的空白、错配或重叠等问题。这种本体通常以共享式术语字典形式出现，可进行领域理论构建和对齐的工具，对提高组织之间工作的一致性和协同性非常有效。Gruber 对本体即共享概念的观点十分支持，他认为本体即人们对共享概念所达成的共识，包括用于领域知识建模的概念框架、用于智能体之间交互的协议和关于特定领域理论的表示。

至此，本体的作用逐渐与其最初的含义发生偏离，被越来越多地用于为标准化用途而进行的共识性术语字典的定义。令人意想不到的是，本体的这种更为抽象的用途却对本体的开发过程和其方法论的发展产生了越来越重要的影响。所有参与过标准制定的人都有体会，不同组织之间的错综复杂的利益关系通常会对标准的制定造成很大的障碍，因此要求每个参与标准编制的人都要对其所希望的本体用途做出清晰明确的阐述。如果本体作为可共享的标准化术语字典使用时，必须还要制定相应的规则以防止对本体的错误使用，对概念定义的非标准化使用将造成与其对应术语的语义不兼容。针对本体的这一用途，Neches 等（1991）对本体提出了另一个定义：本体是某个特定领域的术语字典，其由基本术语和关系组成，以及通过对术语和关系进行组合来定义术语字典外延的相关规则。

随着本体在知识共享和标准化中发挥越来越大的作用，它在基于方法论的质量管控、本体的物理共享和为形式化规范提供便利方法三个彼此独立却相互关联的方向引了研究者们越来越多的关注。

首先，随着本体的重要性越来越大，通过一定的方法对本体质量进行管控，以确保本体可扩展性和可共享性的需求也随之出现。这种用于对本体质量进行管控的方法需要能够确保系统总体设计原则的落实以及可重复的开发过程。

其次，只有在术语字典本身是物理可共享的前提下，对本体的共享才有可能实现。因此，本体应该是可移植的。本体的可移植性可以通过使用通用的规范语言得到保证，这种语言需要能够提供能被操作、复制和引用的语法实体。例如，在线本体编辑系统 Ontolingua 即可为不同的知识表示系统提供可移植的本体库。尽管对术语字典的表示形式没有明确的规定，但在不同的系统之间实现本体共享至少需要具有清晰语义的结构化语言，这对用于知识建模的本体尤为重要。结构化的规范语言固然可以提高本体的可移植性，但作为规范的本体，其用途毕竟还需要服务于其目的。

（一）知识表示本体

在知识表示领域，本体的作用在于提供了一种形式化的规范手段，以限制只有有效的本体实施才能进行。形式化语言可以确保本体术语定义的内在一致性。也就是说，只有合理地对本体的扩展才能通过，不合理的本体扩展由于在术语语义上不具有一致性，因此无法获得通过。这种本体规范的用途本质上是对知识系统合规性的自动检查。在 Ontolingua 中所使用 KIF 语言即形式化本体规范表示语言。KIF 语言具有高度表达力，但它的主要用途是跨语言的媒介，本身并不支持标准化推理。同时，Ontolingua 不仅可以直接在不同的知识表示语言之间进行转换，也能通过 OKBC（Open Knowledge Base Connectivity）接口与不同的本体编辑器进行互操作。OKBC 同 DIG（DL Implementation Group）一样，是一种用于在本体编辑器和本体库之间进行交互的应用程序接口，与 KIF 语言不同，OKBC 的表达力很弱，其本身并不是知识表示语言。

类似 KIF 语言的跨语言媒介通常只能用于在兼容的知识表示形式化语言之间进行转换。如果一种语言的构件在另一种语言中不存在或者语义存在分歧的话，那么这种转换则无法自动进行。这个问题可通过 Ontolingua 内置的框架本体得到部分的缓解，框架本体是使用 KIF 语言构建的一种知识表示本体，它定义了在基于框架的系统或面向对象系统中常见的知识表示构件。采用框架语言进行本体表示是显而易见但却意义深远的一步。虽然 Gruber 只是将框架本体作为一种方便本体工程师进行谓词演算的便宜之法，但很快这种方法就成了构建人工智能本体的默认范式。

Patel-Schneider 和 Swartout（1993）在他们的知识表示系统规范（KRSS）中将这种基于框架的思路更深入地推进了一步，要求知识表示必须符合框架范式。KRSS 为其他的基于框架的 KL-ONE 类知识表示语言（如 CLASSIC、LOOM）提供了一个统一的表示基础。开发 KRSS 的目的不是将其作为一种跨语言的媒介，而是为不同的知识表示系统之间进行直接的知识表示交互提供一个标准化的语言。同 KIF 语言一样，KRSS 也采用的是 Lisp 语法风格，并基于 Baader 描述逻辑定义语义。Baader 描述逻辑是对 KL-ONE 形式逻辑的扩展，用以为基于术语的知识表示语言提供形式化语义基础。从这个意义上来说，描述逻辑类语言不仅适用于术语知识表示，而且还可用于本体表示。使用描述逻辑构建的本体既是知识表示，可以直接作为知识组件。这种论点看上去似乎与本体应该是某种对知识系统的知识层规范的观点相冲突。然而，作为知识库的本体并不一定意味着它要被原封不动地融入一个知识系统中。在知识获取领域，研究者们很清楚如果使用描述逻辑进行开发，对于那些更为专业的形式理论研究者而言，形式逻辑肯定也不会是一种陌生的语言。

（二）知识管理本体

对于知识获取和知识管理领域的人们来说，他们更加强调的是从软件工程的角度出发，采用体现面向对象建模和设计理念的语义简图的方式，以及后来成为行业标准的统一建模语言（UML），来表达和构建本体。在这种观点中，本体的作用是供人所使用的大规模系统设计方法。例如，CommonKADS 方法大量地使用类似 UML 图表来描述任务分解、问题解决方法和本体。这种方法非常成功，因为它使组织内的专业知识第一次可以用直观的方式绘制和组织起来。20 世纪 90 年代的知识管理领域的影响，无疑促进了使用本体描述专家领域知识的方法得到日益普及。Schreiber 等的概念建模语言（CML）和（ML）^{2}语言是可用于表示 CommonKADS 模型规范的结构化语言。与（ML）^{2} 不同，CML 没有形式化语义，只为提供用于表示概念的结构化的文本符号和图表符号。然而，由于知识管理并不需要完整的本体规范，同时本体可以只是具有共识的关键字或术语的层次化列表，因此可以以一种“轻量级”的方式使用这些语言。

知识管理的一个重要应用领域是为各种机构处理存储于跨计算机系统中的海量信息。从 20 世纪 90 年代末开始，本体被用于作为一种物理索引来管理信息。在很多机构中，员工们配备了用户配置文件，这种用户配置文件本质上是使用本体来表示其所在领域的专业知识。当可以与配置文件匹配的相关信息出现时，这些配置文件可以提醒员工引起注意。由于手工构建这种索引本体是一项极为艰巨的任务，因此数据挖掘和自然语言处理技术被越来越多地用于本体的自动提取和学习中。

（三）本体与万维网的结合

随着本体规范定制工作越来越多地使用专门的开发工具，原用于知识获取的工具（如 Protégé）开始用于编制分类本体的规范和其他文档。其结果是，本体表示语言越来越依赖于特定的工具。此外，自动提取的知识管理本体通常存储在相对封闭的传统数据库系统中。这些本体对开放型分布式信息系统之间进行复用造成了巨大的障碍。大多数可支持互操作的本体表示语言都比万维网出现得更早。当时人们普遍将网络看作一个演进相对缓慢的巨大局域网，而不是像今天实际出现的可高效连接社会但无法进行集中管控的人机交互手段。随着互联网的迅猛发展，为本体的交互提供一种基于 XML 语法的全新语言逐渐引起了很多人的兴趣。诸如基于框架的 SHOE 语言、RDFS 语言、SKOS 语言等一些轻量级的语法交互语言可视为这一潮流的典型代表。

另外，同一时期也出现了一些受到知识表示理论影响较大的本体语言，如 DAML-ONT、OIL 等。2001 年，DAML+OIL 工作组向 W3C 国际组织提交的面向万维网的知识表示语言提案是本体表示语言发展中的一个重大事件，它标志着向 Berners-Lee 提出的语义万维网的理想推进了重要的一步。这一提案最终演进为 OWL 语言，并在 2004 年正式成为 W3C 的建议标准。今天，OWL 语言已经成为本体表示语言的事实标准。但是，对那些关注本体用于知识管理的人来说，OWL 语言是一种过于形式化的表示语言。尽管如此，对本体的非形式化的使用也一直持续到今天，例如，在维基百科中广泛使用的大众分类法，以及通常用于政务的标准化术语字典等。这些用于知识管理的轻量级本体也许还在使用表达力相对较弱的 RDFS 语言或 SKOS 语言，但可能处于对本体概念的混淆，依然存在大量的用于知识管理的本体使用 OWL Full 语言进行表示。

自麦卡锡、Davis 等为人工智能引入了源于哲学中的“本体”一词，这一概念也在不断地发生着显著的变化，从初期的用于知识系统的规范到标准化的术语字典，再到用于万维网的术语知识库，直至如今用于指代任何的 OWL 文件。从本体在人工智能领域的复杂发展过程，人们不难理解今天在人工智能领域中的本体概念与其哲学渊源已经相去甚远。

三、形式化本体与知识表示

如前所述，知识获取和知识表示领域对术语“本体”的广泛使用引发了哲学形式本体研究的关注。但随着“本体”的广泛使用，人们开始关注本体在知识表示中的作用。在知识获取中，本体构建是知识系统开发中重要的前提步骤，知识管理甚至对本体抽取的能力提出要求，形式本体从而发现了它更为重要的作用。

Guarino 尝试将形式本体与知识表示语言整合起来，他提出在布拉赫曼的认知层之上建立本体层。认知层用于表示知识的结构，本体层则在知识表示语言中对原语语义进行约束。同时，Guarino 批判了知识表示形式在本体承诺方面的中立性。他认为如果知识结构之上没有明确的本体承诺，诸如 KL-ONE 之类的结构化知识表示语言，则无法与一阶等效进行区分。人们必须要阐明为什么将二元谓词解释为角色，将一元谓词解释为概念。

知识表示和知识获取领域对协调本体在人工智能领域和哲学领域中的定义怀有热切的期待，但也夹杂着些许困惑。Smith 和 Guarino 等所提出的理论思考，在知识系统开发中似乎没有直接的实际意义，更不用说能应用在知识管理上了。此外，把（形式）本体看作现实的直接反映，这种观点被长期研究这一问题的学者认为过于幼稚。另外，形式本体研究者认为，在知识获取中使用“本体”作为某种规范的代称是相当随意的。也就是说，从哲学本体的立场，人工智能领域的本体内容缺乏理论哲学的严谨性。但人工智能领域则认为，哲学本体研究忽视知识获取和表示方面的根本问题，比如语言和表示间的相互影响，以及交互问题。在人工智能中，过于理论化的概念不但于事无补，反而在某种程度上是技术阻力。

高度理论化的哲学本体概念和非理论性的人工智能本体概念明显不相容，这一现象常常导致双方对什么是本体的确切定义发生激辩。而导致这种激烈争论的原因在于双方对于本体究竟是规范本身，还是其指定的具体内容都含混不清。哲学本体研究的特点是无视形式，而在人工智能领域其特点是对术语的不精确使用。以 Guarino 为首的学者们为研究相容双方观点、协调双方立场的本体定义付出了艰苦的努力，并最终解决了本体定义含混不清的问题。Guarino 将本体定义为规范，并将其与所规定的内容做了区分，提出作为规范的本体所规定的内容本质上是概念化。由于人们可以以多种不同方式理解世界，因此也就能够以多种不同方式概念化世界。本体捕获了概念化中人们认为存在于现实中的那些部分，即所谓“本体承诺”。

这种概念化是一种只能意会不能言传的先验知识，它只存在于人的脑海里。所以，同其他形式的知识表示一样，概念化的明确规范也受制于知识获取瓶颈的制约，因此，概念化只能是近似的。从这个角度来看，作为一门哲学学科的形式本体的本质是试图通过先验概念去近似现实世界的结构基础。然而，在知识系统的语境中，本体的含义与现实无关，它所表达的概念化是通过专家共享实现的，本体元素是否真实存在并不重要，本体所规定的是知识系统（机器）所“知道”的知识。换言之，本体规定了哪些实体可以在知识库中个体化，也就是说，本体包含了作为类的一般概念。正如前述的 Brachman 语义三角所表述的知识表示和实体间的关系。知识表示中的一般概念（类）和个体概念可以分别通过实例化和指征（Denotation）与现实中存在的实体相关联。只不过在哲学和人工智能中，这种关联的本体状态和强度不同。

在人工智能领域，知识库中的某个概念与现实中的某个实体之间通过指征进行对应。一般来说，某个个体概念只有存在相应实体时才会以断言的形式添加到知识库中，但这种操作并非强制性的。而且在实际操作中，个体概念很多时候是出于纯粹的实用性原因而生产的，例如，数据库的关键字。此外，在人工智能本体的含义中，现实世界的某个具体实体与其对应的个体概念之间的实例化关系更是一种弱化的关系，因为通常情况下实体只是一般概念的具体示例。

人工智能本体的这些特点都是对本体哲学解释的弱化，特别是与唯实论对比时这种弱化更为显著。唯实论支持共性的存在，用知识表示的语言来说就是，唯实论认为现实包含由一般概念所指征的“普遍实体”。因为人工智能领域没有这样的主张，哲学界批评人工智能中的普遍实体只是作为标称而存在。然而，正如更为了解哲学的人工智能研究者们所指出的那样，这种指责是错误的。例如，Genesereth 和 Nilsson（1987）提出了“概念化”这个术语，从而使 Guarino 在此基础上实现了对本体的统一定义。他们明确指出概念化中的对象是否真实存在并非关键所在，其合理性完全基于其实用性。也就是说，世间万物皆可概念化，但对基于知识的智能系统有意义的是那些有助于实现其目标的东西。

Genesereth 和 Nilsson 的观点表明人工智能的关键是“实用性”。哲学本体没有实用方面的预想，也没有准备成为知识系统的一部分，它只是某种反映哲学理论的形式化承诺。

四、法律领域知识本体

法律信息由大量种类繁多又紧密关联的文档组成，并且越来越多地以数字形式提供访问。与万维网不同的是，法律文本间通常只用自然语言表达引用关系，而且经常并非完全引用，而是指向引用文件的某部分。此外，法律文本是动态的，每个文本都会（独立）变动，因此这些语义引用合并为一个单一的表示形式会带来重要的维护问题。简言之，法律采用了一套错综复杂的版本方案。欧盟主导提出的 MetaLex/CEN　XML 标准为表示法律文本的动态结构提供了统一的 XML 编码模式。

无论是为了轻量级的语义注释、语义一致性检测或基于法律知识的推理，语义表示都必须考虑法律文本的动态性和结构性。这在可追溯性原则中有最直接的反应：对法律文本的任何表示都应可追溯其原始来源。对法律的语义表示须依存于该法律，因此，本质上语义表示是对该法律文本的注释。

MetaLex/CEN 标准提供了将法律文本转换到 RDF/XML 的机制。在此基础上，以 OWL 语言描述的对法律文本更为详尽和形式化的内容可与这些 RDF 表示联系起来。MetaLex/CEN 标准的一个重要潜在应用领域是合规性检查。所谓合规检查意味着验证某个组织的业务流程必须遵守相应法律法规。法律语义表示的另一项要求是，概念的定义应模仿其对应的法律文本结构和适用性的方式进行语义表示，如时间有效性和管辖权等。

但是，法律语义表示的这些要求并不意味着需要法律专用的知识表示语言。从信息系统的角度来看，法律领域与网络完全相同，法律信息也包含在各种系统中，以不同方式广泛使用。此外，法律信息并非由某个单一的机构统一维护，而是由许多机构参与法律法规的发布、合并、扩展、执行等。因此，语义万维网对知识表示的要求也同样适用于法律的语义表示。而当不同的执法、司法机构之间进行信息交换时，基于语义万维网的设计理念和技术标准体系更是可以使相关信息系统的开发极大地受益。

除了前述的知识表示本体的一般需求外，法律本体还需定义一套核心概念集，以描述特殊法律术语。作为法律制度及政治体系的工具，法律用于辨别行为状态和管控社交互动事件。但是，绝大多数的社会行为状态（如家庭生活、日常工作、交通运输、财产经济、违法犯罪等）并没有专门的技术术语进行描述，它们的含义是常识的一部分。例如，当冲突和矛盾诉讼至法庭，才成为司法案件。而在成为司法案件之前，这些问题都是由常识性概念表述的。而在司法裁判的过程中，这些由常识性概念表达的冲突或矛盾被转化成法律术语。为了实现这一过程，需要打通案件常识性词汇和法律术语之间的隔阂。常识性词汇和法律术语之间的联通通常需通过法律专家实现，法律术语应满足描述真实社会事件和情况的法治需要。

从知识工程角度考虑，（至少部分）本体应该是可重用的，比如作为启发灵感的根源，或者实现定义的充分形式化重用。这一点在法律层本体中尤为重要。但是，事实证明本体重用和启发的范围十分有限。现有的本体论不仅在所使用的方法、覆盖范围和知识表示语言上有分歧，即使是所谓的常识本体，对“常识”这个概念的含义尚无法达成一致意见。

（一）法律知识本体的功能分类

Clancey 曾对医学域理论所涉及的不同类型的知识进行了分类，即识别、因果、世界事实及领域事实等知识。法律知识系统与之相似，也拥有不同类别的领域知识。Valente 和 Breuker（1995）对法律领域中涉及的知识类型及其依赖性进行了一般性细分，提出了 FOLaw 模型（Functional Ontology of Law）。该模型将法律制度描述为影响社会并达成一定社会目标的工具，其主要功能为规范社会行为。FOLaw 模型定义了一系列可以进行推理的法律知识，即在法律领域可被“认知”的概念，而非一定真实“存在”的事物。因此，从更严格的意义上说，FOLaw 是一个法律领域认识论的框架。在 FOLaw 中，共有七种知识类型：常识知识、世界知识、规范知识、责任知识、元法律知识、创造性知识和反应知识。任何基于法律知识的智能系统都至少包含其中一种知识类型。

法律知识最具特征的范畴是规范知识。规范知识反映了法律的规范性，具有规范行为和界定社会现实比较标准两种功能。规范表达了一种理想化：规范创立者的意愿决定什么是应该发生的。元法律知识控制规范之间的关系，并在规范冲突时解决和确定规范的优先顺序。特殊法优先原则、高等法优先原则及后法优先原则等法律原则均归类为元法律知识。

法律支配着人的行为，因此它必须包含对人的行为的描述。为此，Breuker（1990）首先明确提出世界的知识与规范知识之间应该分离，并以认识论为基础，在法律制度和现实社会之间提供了认识论接口。世界知识包括定义性知识和因果性知识，将法律概念和因果性原则定义为常识概念的抽象。根据某个事件状态的法律上的因果解释，将责任归因于责任所需的知识被描述为责任知识。在法律体系中，FOLaw 模型是对形式化叙述流动路径的抽象。当一个叙述“进入”法律制度时，就会被法律词汇充实，即通过法律语言诠释，成为法律层面上的合格叙述。就此，叙述中事件之间的因果关系得到辨析。这种经过因果推理后的叙述，就可以借助规则、立法或先例等规范性知识的主体，用于考量违反法律规范的行为。下一步，针对违规或造成危害的直接责任媒介或涉及其中的媒介，进行责任判定。此时，根据以上流程的最终结果，采取相应的反应性措施。

（二）法律相关的知识本体

FOLaw 模型方法的应用体现在众多系统中，包括用于交通管制的 TRACS 系统、ON-LINE 在线法律信息服务器、为运输保险领域的法律评估开发的 MILE 系统等。在这些系统中，定义性知识和规范性知识的地位尤为重要。值得注意的是，MILE 系统中的世界知识以领域主体形式体现，由 3377 个概念和 11897 组关系构成。法国大型企业 Bureau Veritas 集团有 15%的船舶入级管理规范应用了 MILE 系统。国际防止船舶造成污染公约 MARPOL 将该系统应用于针对海洋污染的附则Ⅰ及附则Ⅱ的所有管理规范中 。在法律语料库中，本体论相关的参考文献共 8289 个。MILE 系统利用 CLIME 本体进行规范主体的概念检索。本体概念和本体关系的形式规范查询过程。借助有限状态自动机，这一集合被拓展为结果集，最终呈现给用户的是结果集里管理规范的参考文献。CLIME 本体改善了 Bureau Veritas 集团管理系统的可访问性，这是知识管理的典型应用。CLIME 本体也同样是增量式定义规范知识的基础，该本体中的概念可以直接应用于表述规范知识。这种方法经实践证明是一种重要的自举机制，它不仅可以提高速度，同时也作为发现异常规范的框架。

其他的法律知识管理应用还有 LET 合法编码工具，它被用于构建本体、执行典型的自动索引和概念提取等知识管理功能。其他类似案例还包括 DALOS 本体、用于知识产权的 IPROnto 本体、用于数字法庭的 Iuriservice 本体等。下面，我们将具体介绍几种主要的法律知识本体。

1. SUMO 本体

SUMO 本体融合了工程学、哲学和信息科学的成果，为一般术语提供定义，意在成为一个制式框架以应用于开发更具体的领域知识本体。作为第一代法律核心本体，SUMO 仍有诸多缺陷。首先，SUMO 还无法提供法律范畴相关的术语定义，例如，它所涵盖的精神实体和社会实体就较为有限。鉴于其构建方式的局限性，SUMO 仍倾向于源自工程学和哲学范畴的较为抽象的和理论化的概念定义。并且，它没有真正的常识知识根基。SUMO 是一种基础性的本体，使用诸如类别定义、二元关系和集群等元模型。SUMO 可使用表达能力较强的 KIF 语言或 CommonLogic 通用逻辑语言进行表示，因此 SUMO 本体从根本上来说是较为明晰的。

2. DOLCE 本体

DOLCE 本体是 WonderWeb 本体库中的一部分，其作用是为库中其他本体提供参考点，以明确库中每个本体选择背后不同的基本原理。它是一系列非具备一致性的本体论所构成的互异但又系统化的本体网络。DOLCE本体在很大程度上属于哲学意义上的本体。它与知识表示之间的差别主要表现为两个方面。首先，其在内容层面上的视角是哲学化的，例如，它旨在直接表示现实。其次，因为受限于哲学本体的认知限制，它更倾向于一种知识表示的形式化方法在本体层面上的外延，而非借助形式化方法所表达的模型。

DOLCE 本体的元级特性意味着相应本体不是知识表示，而是向 OWL 构件一样地表述知识的术语。同 SUMO 相似，DOLCE 最初是用一阶逻辑和具有高度表达力的 KIF 语言来定义的。其 OWL DL 表示版本（DOLCE-Lite 版）有更多限制性，例如，没有考虑时间索引和关系构成。DOLCE 本体是描述性的，其建立基础为：自然语言的表面结构和人类认知之间在本体层面是相通。有争论说这种视角造就的本体在捕获认知人工概念时，依赖于人类的感知、文化印记以及社会传统，并不能算是深层的哲学观点的本体。

与 SUMO 本体的科学性视角相对，DOLCE 本体的构建方法更符合常识性视角。然而，认为这种自然语义的表面结构与常识有任何关系的说法并非基于证据。相反，对语言表层结构和认知的方法论几乎不可避免地导致了一个复杂的理论概念框架，以包含人类语言使用的特性。换言之，与通过自然语言中隐含的类别来研究“现实”以构建本体论相比，更直接基于我们在日常生活中接触的现实概念化的实用方法构建本体应更为合适。

3. CLO 本体

经过多年开发，DOLCE 本体在多个方面得以拓展。DOLCE+（也称为 D&S）是借助叙述和情况理论的一种 DOLCE 拓展，并在此基础上进一步提出了 CLO 本体，定义了形式化的法律概念和关系。CLO 本体可认为是司法版的 Wordnet 知识库，同时可为司法决策系统的设计提供辅助支持。CLO 本体认为法律世界是对社会现实的描述，是对社会群体行为的理想观点。它建立在对“描述”和“场景”进行区别之上。法律描述或概念化的例子包括法律、规范和犯罪类型等内容。这些描述限制了法律场景，即司法案件的事实，如法律或相关的非法律事件的状态。法律描述本质上是对场景进行分类。如前所述，法律制度是对现实的描述。但是在 CLO 本体中，描述和场景之间的区别是单一的，不符合知识本体的视角。和 DOLCE 本体一样，CLO 本体混淆了表示、表示所表达的、现实之间的区别。虽然它引入了新的抽象层次，它没有提供本体类别用来描述这些层次上的知识。此外，CLO 依赖于 DOLCE 的子集来定义场景元素，因此它受到和常识性概念同样的批评。并且，由于在描述层面上缺乏本体承诺，也损害了它在法律环境中对知识获取支持的适用性。

4. CYC 本体

CYC 是规模庞大的统一的常识性概念本体。CYC 的主要目的是所有软件程序都将受益于常识知识的可用性。在人工智能发展的早期，研究者就认识到，“如果一个程序能自动推断出它所说的任何事情以及它已经知道的任何事情的直接后果，那么它就具有常识”。这意味着，当积累了足够多的常识知识，达到了一定的阈值时，就会由量变产生质变（所谓“奇点”理论），使 CYC 就像人类孩子一样，通过引导式学习拓展其知识。这一理论和明斯基关于计算机如何拥有人类智能的观点一致，即赋予它巨量的常识知识。目前 CYC 以及已经累积拥有超过 30 万条的概念性知识，即将达到前述的理论阈值。未来会怎样，我们将拭目以待。

CYC 本体的顶层部分倾向于表达常识性观点，而且比 SUMO 或 DOLCE 更具体化。然而从方法论角度讲，CYC 也并不完美。从技术角度讲，CYC 更是一种术语知识库，而非本体。与 SUMO 本体专注世界运转的科学本质和 DOLCE 本体关注语言和认知的表层结构联通有所不同，CYC 更像由众多的工程师将他们所知的万事万物加入其中，形成了一个巨大的知识库。因此，CYC 更倾向于是一种依赖上下文的框架，而非本体范畴的体系。此外，CYC 还面临与知识复用相关的两个技术障碍。首先，同 SUMO 和 DOLCE 类似，CYC 是以一阶谓词演算为基础的非常有表现力的 CYCL 表示语言所规定的，而 CYCL 支持元建模。其次，它拥有规模巨大的知识库，这使最简单的任务也要产生显著的计算开销。就此，CYC 似乎更直接应用在基于知识的系统中，而非应用于语义网上开发本体的概念性框架。

（三）基于常识的法律核心本体

尽管前述的本体一直在进行技术上的演变和拓展，但在方法论上仍停留在早期的理论阶段。首先，本体是在多个抽象层次（元）上定义的，并使用具有非常强表达力的语言，这限制了本体的复用性。此外，在上述所有本体中，与法律相关的概念要么缺位，要么过于理论化。特别是，对法律知识本体应该建立在常识性现实概念上的要求并没有得到满足。

人们提出常识性的视角，但却从未认真地论证、解释或验证什么叫作“常识”。CYC 宣称的常识性知识其实是通识性知识。在本书中，我们采用

Lenat 关于“常识”的定义：人类对现实存在的共识。相比之下，DOLCE 和 SUMO 本体并非致力于基于人类共识知识构建本体，而是旨在为所有知识提供一个本体基础。只不过它们以两种截然不同的方式来实现这一点：SUMO 是以客观现实的科学知识为基础，而 DOLCE 则是采用语言与认知结构相关的方法。这两种方式都为描述常识性知识的本体提供了构建基础。然而，常识并非现实知识的共同体，而是范畴共性和知识细节，并以个人为载体展现。常识性本体不应仅仅借助高度专业的理论化的术语表达，而是其自身也应具有常识性架构。

对常识含义的探讨促成了欧洲主要研究机构以欧盟第五框架项目“电子法庭”（e-Court）为契机，开发法律核心本体（LRI Core），用以支持欧洲各国刑法知识本体的开发。LRI Core 区别于其他本体的关键在于，旨在通过实证研究来验证人类在实际理解世界时是如何联系概念的，而非人类应如何通过本质去看世界，也非构建基于现实的极简理论。这种实证证据包括术语间语义距离的聚类分析，以及神经心理学的等实证性研究。

对常识知识表示的核心在于常识应该植根于概念化之中，而概念化的关键是概念是人类进化的产物。人类的概念化能力是为了应对动态的并充满潜在的危险环境而演化出来的。我们感知现实和现实互动，并在现实中生生不息，我们的这种能力造就了日趋复杂的认知表征。这些表征千差万别，包括我们感知系统中的硬连线抽象，以及我们通过感性认知的内生复杂体转换为事物基本属性的能力，甚至还包括可以触及意识等思维层面的表征。这种对现实越来越抽象和复杂的描述定义了一个轴，该轴指示生物在进化发展的连续阶段，例如，从病毒和细菌到多细胞生物、昆虫、哺乳动物、灵长类，最后是智人。大自然的优胜劣汰选择过程为我们理解“常识”的本质提供了根本的启迪。或许，这些根源过于复杂深奥以至于我们难以通过思维或内省的方式获得。但是，基于现代认知科学的进展，我们仍然可以明晰一些基本性的概念。

物理世界虽然有昼夜更替、四季变换以及偶尔的地质运动，但相对稳定。因此，自然选择的结果是大多数生物体的感知装置都被进化为可以敏锐感知在这种稳定的大背景上发生的微小变化。其中重要的一点是，生物能够意识到由其他生物体引起的变化。首先，另一种生物的存在可能为繁殖和维持新陈代谢（通过进食）提供机会。其次，它们的存在可能意味着对生物体的存在的直接威胁。其结果是在认知上“背景”和“前景”具有显著区别。通常来说，我们的意识更容易注意到变化过程中的间断性，而非客观物体空间上的排布或时间上的连续过程。感知稳定性的能力是由情景记忆实现的，对于人类而言还伴随有物理约束性概念。例如，根据物理学原理，物体在没有受到外力的情况下，具有保持原有运动状态的特点（惯性）。物体的变化是发生在时间和空间中，而变化的速度可决定其成为前景抑或是留在背景中。

在 LRI 核心本体的设计理念中，知识是用来解释世界上的发生的事件的，一方面反映在概念之间的对比，另一方面反映在个体和它们的发生（实例）之间。此外，通过区分对象和过程，可以反映出（物理）世界中静态要素和动态要素在认知上的主要区别。对象在空间中有扩展，进程在时间上有扩展，但牵附于对象；而过程反映了变化的因果解释。

从进化角度上，“近代”的哺乳动物发展出了同其他动物建立具有意图性的互动能力。而正是这种具有意图性的互动行为，使变化不再局限于物理上的因果变化，在特定描述下，行为总是具有意图性的，即行动意味着触发一个过程，这个过程最终会产生预期的改变或状态。

社会意识和自我意识是复杂社会行为的重要前提。首先，因为具有社会意识和自我意识，我们在计划和掌控事态时会考虑其他人或生物的潜在意图，从而增强了我们对环境的可预判性。其次，这两种意识也驱动我们和其他人共享并协作执行我们的规划。而不断重复并加强这一过程最终会导致制度的产生。在社会制度中，“角色”是一个重要的概念，它表示一种公认的能力，有时被认为是一种社会地位。在 LRI 核心中，角色在社会结构的构建中起着重要作用。

基于上述认知理论，LRI Core 本体中区分了四个“世界”：

（1）由物质和能量构成的物理世界，包含过程和对象。

（2）精神世界，包含精神对象和精神过程。精神世界和物理世界通过行为相联系，行动将意图转化为某种物理变化。

（3）由角色类的精神对象构成的社会世界。

（4）抽象世界，只含有形式化的数学对象。

概括而言，从开发视角和主要特征来讲，LRI Core 从最原始的根基开始架构，其构建的方法论导向了一套更为广泛、具体且细腻的关于概念和关系的定义。首先，通过选择一组核心的基本概念来确定本体的范围。这些概念被组织在模块中，并形成了中间构建本体的基础。

尽管如此，LRI 核心本体在几个重要方面都存在不足。首先，虽然本体是通过 OWL DL 语言进行描述的，但是大多数概念都未明确地显性定义，而是由包容关系隐性定义的，并且是通过使用复杂的类约束来稀疏地描述。其次，LRI 核心本体中不同世界之间的区别是绝对化的，并且没有关于不同的世界是如何连接和相互作用的相关理论。此外 LRI Core，除了定义出较为完善的角色分类方式外，对精神世界的表达相对不足。它关注的重点是物理对象、过程、能量和物质，但对精神世界中相应概念的表达却较为粗浅。

五、法律知识交互标准

对于法律知识领域，存在三种不同的知识表示方式。第一种方式是服务于（多数情况是商用）基于知识的法律信息系统的实用主义。法律信息系统通常所采用的知识表示语言是表达性较差的规则形式，其目的是支持信息系统的设计和开发。第二种方式是法律论证，其重点是知识的认识论地位等理论问题，将知识作为法律推理的一部分。在此方式中，法律知识特指为达成合法有效结论的知识。法律知识表示语言的意义不在于提供概念的定义，而是为了描述用途和控制信息，建立和解释法律事实。第三种方式则是前述的常规知识表示方式。在这种方式中，法律知识的作用是进行推理，而不代表法律推理本身。前者可采用 OWL DL 知识表示语言，将知识表达为一种领域理论，而后者是对单调知识库中进行问题的推理。典型的法律推理任务是法律评估，即根据规范性陈述、法律规划以及法律论证体系，确定是否允许或不允许某些情况。这些论证方式并不一定局限于法律领域，论证（假设）和支持（证据、调查结果）的假设对于任何类型的问题解决都至关重要，但法律论证更具有对抗性。知识表示的视角允许将知识表示作为法律内容的注释进行同构表示，这一特点可支持法律信息系统所必需的可追溯性和可维护性要求。

为了使三种不同的法律知识表示方式进行有效的交互，欧盟 Estrella 项目提出了 LKIF（Legal Knowledge Interchange Format）本体。LKIF 本质上并不是一个独立存在的本体，而是一种知识交换格式，为不同类型的法律知识表示提供了一种知识交换体系结构。从认知科学的根基和常识性知识视角，LKIF 本体与 LRI 核心本体有很多相似之处。从很多方面来说，都可以认为 LRI 核心本体是 LKIF 本体的先导。

为了能够使不同的法律知识本体进行有效的交互，首先需要奠定统一的术语核心集合，这个核心术语集合提供了一组适用于法律领域整体的核心概念定义。这些定义不仅与法律相关，而且还对刑法或私法等子领域的术语进行更具体的解释。此外，过分注重理论和抽象概念会阻碍与常识知识的联系，因此 LKIF 通过专家定义法律的基本概念，以一种折中的方式构建本体术语集合。

在法律本体中，哪些术语可以算作基本概念，取决于法律领域专家们所拥有的专业知识。例如，虽然法律专业人士都了解什么是“过失杀人”，但普通人可能无法解释它与谋杀的不同之处。为了对专业术语进行恰当定义，本体中的基本概念应该要反映出其潜在用户的异质性。为解决这一问题，LKIF 本体确定了三类主要用户：普通大众、法律实务人士和法学学者。尽管法律专业人士使用法律词汇比外行人更为精确和谨慎，但是对于这些术语中的大多数而言，共同的理解也足以使大众按照相似的含义使用大多数的术语。但是，“责任”和“法律事实”等相关的基本术语仍需要专业的法律解释。

其具体做法是，上述三个用户组首先罗列出他们认为最重要的法律概念。然后，这些法律概念与法学和法律教科书等文献中经常出现的术语结合在一起，得到约 250 个法律专业术语。不同的用户组分别从抽象感、法律领域相关性、术语更偏向于法律还是常识、术语更偏向于为普通的法律术语还是某些法律子领域的特定术语、专家认为该术语属于本体的概率等几个方面对这些术语进行打分。将得分靠前的一组术语（50 个），以及一些能够捕获法律核心的抽象意义，再加上其他本体的几个重要术语复用，共同构成了 LKIF 核心本体的术语集合。

（一）作用范围

在构建 LKIF 本体时，法律核心本体支持四种知识交互的方式。首先，作为一种特殊的法律推理资源；其次，本体中术语的定义可以使知识获取更为便利；再次，可以跨语言使用，让知识交流更为顺畅；最后，可以作为法律信息语义标注的基础。

1. *作为法律推理资源*

典型和抽象的法律概念往往是相互关联的，因此为计算等价性、解释和含义奠定了基础。例如，通过将禁止表述为义务的对立面，法律知识系统可以推论出二者之间互为对立关系。对于禁止，除被禁止以外的都是可以的。而对于责任义务，则是当其全部条件均满足时，该责任义务必须得以实现。虽然隐式知识在用规范和案例进行推理时是相关的，但它不表达推理的控制知识（如问题的解决方法），而只是引出声明性定义的含义。

专门的法律推理可以基于本体中概念的定义之上：推理引擎可以生成显式概念定义的隐含结果。为了进行特殊的推理，术语应该高度相关，并且形成一个几乎没有外部依赖性的一致集群（Hayes，1985）。在法律领域中，这种集群的例子是表示责任义务的术语。这种类型的集群通常是在非常高的抽象级别上发现的。使用本体和推理机进行专门推理的典型例子是基于 Allen 的时间本体为基础的时间推理。

2. 为知识获取支持

知识表示中顶级和核心本体的经典使用是支持知识获取的一种手段。如果设计和解释得当，则为它们提供了一个初始框架，领域术语可以作为子类附加到这个框架上。属性和其他隐式知识的继承不仅可以用来检查一致性，还可以检查本体的逻辑质量，即派生的内容（如类、属性）是否有意义。使用具有良好测试和评估含义的核心或顶层结构，可以更容易地进行领域优化一致性检查，还可以得出与知识工程师或用户认为有效的内容相对应的推论。知识获取支持不仅限于本体知识，还包括术语知识。例如，CLIME 本体中规范知识的增量定义就是本体辅助非术语性知识获取。

3. 支持流畅的跨语言翻译

法律本体在将现有的法律知识翻译成其他语言方面发挥着重要作用。与普通的自然语言之间的翻译相似，形式化的“知识”翻译可能与原始知识表示所隐含的语义相冲突。作为术语语义的表示，本体可以辅助我们不同的自然语言中跟踪术语的使用。

4. 语义标注的资源

法律资源（如法规和法理学）的语义标注对这些资源的可访问性和可维护性有着重要的作用。首先，本体可以作为信息检索的来源，如 CLIME 本体。其次，对于正式批准的法律文本，其地位主要取决于它和其他法律文本间的关系。同时，利用本体定义的关系来表述这类法律文本，可以使其地位明晰化。

（二）层次化概念组织体系

LKIF 核心本体中相关的概念组成相对独立的概念集群，称为“模块”。每个集群中，首先表示最为核心的概念，并运用了成熟的从中间向外的方法进行扩展。所有的模块分为三层级进行组织：顶层、意图层和法律层。这种层级划分的方法主要受到 Dennett 和 Searle 等的理论的启发：在解释世间万象时，人们通常会采用三种视角：物理视角，即根据物理定律解释行为；设计视角，即假定系统会按照设计运作；意图视角，可用于解释具有信念、欲望和意图的理性行为人的行为。前两种视角大致相当于 LKIF 核心本体的顶层，而意图视角则由意图层捕获。此外，LKIF 本体增添了一个法律层，包含只有从法律角度看才合理的概念。相应地，将社会和法律概念表示为社会构件，独立于物质实体。

在 LKIF 本体中，每一层中的概念定义都是对高抽象层次定义的扩展，并在必要时添加新的知识结构（如属性）。但是，折中模块化的扩展方式不符合本体重用的要求。就本体承诺而言，本体应视为一个整体。这意味着第三方重用本体的安全性只能根据所有本体模块的组合进行重新评估。这种方法可提高 LKIF 本体的重用性，并允许扩展其中一个级别并融合到本体，而不影响不同级别扩展的兼容性。

LKIF 本体的概念采用 OWL DL 语言定义。下面，简要概述部分 LKIF 模块的核心概念及其主要作用。

1. 顶层概念集合

由于现实世界的基础性质是客观的物理世界，因此需要对任何与法律有关的事实、事件或情况进行客观的背景描述，如位置、时间、变化或人类学相关特征等基本概念。LKIF 本体的顶层模块集群提供了这些概念的基础性原语定义，从而在意图层和法律层的其他概念模块提供定义基础。LKIF 本体最基础的分类体系是基于 LRI 核心的不同“世界”之间的区别，也就是对精神实体、物理实体、抽象实体，以及事件进行区分。精神实体存在于人类的头脑中，并且只具有时间上的扩展。物理实体独立于人类经验而存在，并且具有空间扩展性。

在人类对客观物理世界的认识不断深化的过程中，发展出了描述客观物理世界的基础性概念：位置、时刻以及时间。Donnelly 以牛顿经典力学为基础发展了空间相关的本体概念。空间位置分为相对位置和绝对位置，通过参考某物来定义相对位置；绝对位置是绝对空间的一部分，与其他绝对位置保持固定的空间关系。在空间位置概念的属性中，“衔接”（Meet）是最基本的属性，因为它用于定义其他的属性，如“毗连”（Abut）、“覆盖”（Cover）、“重合”（Coincide）等。

而空间概念上的这种部分与整体的关系可以用来捕获时刻和持续时间的概念。Allen 和 Ferguson 等区分了时间中“时间间隔”（Interval）和“时刻”（Moment）两个基本概念。时间间隔是一个范围（持续时间），可以包含其他时间间隔和时刻。时刻是时间上的点，具有原子性，没有时长，也不包含其他时间事件。这些时间事件之间的关系可在几何上表示为一维时间轴。为定义两个邻接的时间事件，Allen 引入了“衔接”（Meet）关系。同时，为了区分时间的衔接关系和空间的衔接关系，时间的衔接关系被命名为“立即”（Immediately_Before）。时间的衔接关系可用于进一步定义其他时间关系，比如“之前”（Before）、“之后”（After）和“之间”（During）等。时间概念可用于描述物理实体或精神实体的存续，如想法产生的时间、物品摆放的位置等。

在空间和时间的概念和属性基础上，可以进一步引入由某种特定因素所造成因果性变化的概念，即过程。过程存在于时间和空间的描述中，具有一定的时间间隔和位置的变化，并可具体区分为起始、持续和终结。在 LKIF 核心本体中，过程类似于事件演算。其关注的不是特定的因果关系理论，而是提供了足够的通用性，能够定义各种不同的因果关系概念。

2. 意图层概念集合

法律约束的是理性主体的行为，因此法律推理需要基于常识性的理解，以对智能行为进行预测和解释。意图层的概念专注于描述这种行为所必需的概念和关系，包括行为代理人（Agent）的特定社会角色、描述行为代理人心理状态或主观精神的概念、行为代理人之间进行交流的概念等。

在 LKIF 本体中，行为代理人的定义为具有意图的人或机构，比如，实施一个动作，并对该动作造成的任何后果承担潜在责任的行为主体。在未来可能出现的强人工中，行为实施的主体也可能为机器。行为是具有意图性的动作，构成了对过程的意图性解释，反映了行为代理人在实现其意图时所造成的变化。行为代理人的行为通常是具有某种意图的，这种意图一般带有某种预期，并且行为代理人在主观上相信所预期的结果会实现。此外，行为动作具有创造性，可以无中生有创造某种事物，也可以从有变无毁灭某种事物。最后，行为动作往往是对其他行为动作产生的直接反应。

LKIF 核心本体中，“人”是一个专门的类，是个物理对象，但与人工设计的物理对象不同，每个具体人是一种非设计产生的自然对象。对于自然对象而言，也可以作为工具或武器使用，但不是为特定目的而设计的。同时，具体的人所构成的组合和集合被视为一个整体，也是一个单独的对象。

“角色”的概念在社会相关的本体构建中发挥了越来越重要的作用。角色是一个主观的概念，它规定了成为某个角色所需要的资格标准或内在的属性行为。角色不仅允许我们根据对象的典型应用和行为对其进行分类，还提供了对其他行为代理人的行为进行分类的方法。它们是理解社会的必要组成部分，使我们可以描述社会组织，规定行为代理人在特定背景下的行为，并认识到与“正确”或正常行为的偏差。这也意味着，角色与行为是密切相关的概念：角色规定了可以由行为代理人所执行的动作集合，但反过来角色本身又被这些动作所定义。角色概念侧重于捕获行为代理人的社会角色，即其所具有的特定社会功能，而不是其他意义上的含义。角色的规定性所带来的结果是，行为代理人将行为预期与其他行为代理人联系起来，因此意图和期望可以用作智能决策和规划的模型。从外部观察者的角度，能够客观观察到的只是行为，意图和期望等因素需要通过推理归因于行为代理人。

在法律推理和论证中，有许多情况需要将人的心理状态与命题联系起来构成关系概念，在 LKIF 核心本体中称为“命题态度”。命题态度的例子包括信仰、意图和欲望。每一个命题态度本身都是描述行为代理人心理模型的组件。行为代理人之间进行沟通时需要通过某种媒介进行外在化的命题表达，典型的例子包括语句、声明或断言等。在法律语境中，媒介的典型例子是文件，它是一个载体，承载具有法律约束力（规范）的陈述。当命题用于推理时，它们具有认知的作用，如假设、原因、期望、观察、理由、事实等。命题在推理中所起的作用不仅取决于推理的类型，还取决于命题的信度，以及命题在论证中所处的位置（例如，是假设抑或是结论）。评价性态度表示对一个或多个其他命题的评价，如评价、价值陈述、价值判断、评估性概念等。这些态度只表示对被评价事物的一种态度。与评估态度类似，资格表示判断。同时这种判断本身并不必是命题，也可以是对任何复杂情况的描述。

3. 法律层概念集合

在法律层概念集合中，定义了与法律相关的陈述、声明等概念。与法律有关的陈述针对自然人和法人的公共行为；而声明的法律地位取决于创建声明的行为代理人的类型，即自然人或立法机构通过委托、转让和授权被赋予的权利和权力。在法律层面，LKIF 本体引入了一套完整的法律行为代理人、权利和权力，典型的法律角色和概念的定义，因此可以用于表达规范性声明。规范是一种结合了两种含义的声明：一方面，它是道义的，在某种意义上它是某种事物的道德或法律可接受性的一种限定；另一方面，在某种意义上规范是约束性的，确保受规范的约束的人遵守规范。通常，这两种含义并不同时出现，因为道义上的规范完全可以在非强制性条件下实施，同样，也可以基于道德以外的其他原因发布指令。

在 LKIF 本体中，规范适用于对特定情况的完整划分，包括（强制）允许特定情况和不允许（或禁止）特定情况。允许和不允许的情况是由规范限定的情况的子类。因此，禁止和义务类型的规范是等效的，因为它们只是两种不同的表达方式，例如，禁止吸烟本质上是要履行不吸烟的义务。许可是不同的，它允许一种情况而不禁止任何事情。在这种情况下，允许情况的逻辑补充是一些相反的限定情况，而并非义务。

在 LKIF 核心本体中，合规情况是事件状态实例化，它通过类描述定义一组可能的事件状态。因此，通过标准化的推理即可推断某种实际情况是否被归类于某类情况中，进而判断是否存在允许或禁止该情况的法规。类似地，分类器会产生一组层级化的情况，以推断是否有违规情况的发生。

第三章

知识本体语言

一、语义网的发展

语义网通常被称为第三代万维网（Web 3.0）。万维网技术出现于20世纪90年代，所谓“万维网”可以简单地视为由相互链接的网页所组成的网络。时至今日，万维网技术取得了巨大的成功，广泛地应用于社会生产生活的方方面面。万维网的成功在很大程度上是由于其所采用的轻量级的语义方法，简单地说，它使用一种简单的、网络化的体系结构，这种体系结构易于扩展，并且不受不正确或不完整的数据、链接和标记的影响。在万维网中，信息以易于人类理解的文本、图片等方式所呈现。例如，主要的万维网技术 HTML 语言和 CSS 语言等均是采用以人为本的理念设计的。

随着万维网信息量的迅猛发展，要在海量的网络信息中找到用户感兴趣的内容，需要使用谷歌或百度搜索等搜索引擎。搜索引擎的技术原理是通过使用自然语言处理、网络分析和马尔可夫过程等技术，来计算搜索结果中页面的排名。搜索引擎查询和结果都具有语言依赖性，即使用一种语言的搜索很难得到另一种语言的相关结果。此外，搜索的目标结果通常位于某个单独的网页上，但与查询相关的信息则分布在多个（通常数以千计）网页上。以至于，即使是最好的搜索引擎也会遭受高召回但低精度，或低召回或完全不召回的问题。

传统的万维网技术主要是面向信息展示的，对于机器“理解”基本没有考虑，这种语法级的信息表示方式具有很大的改进空间，因为这种信息表示方式对于机器来说，很难通过网页间的结构来获取网页中的语义信息。为此，Berners-Lee 等（1999）提出了语义网（Semantic Web）[①] 的概念。语义网的目的是提高万维网上信息的机器可读性，以实现自动化的 Web 服务之间的知识交换。并且，通过语义网技术能够实现开放的、非人因组织的知识共享。为实现这一技术目标，2001 年，成立了国际范围的语义网工作组，即 WebOnt 工作组。其使命是开发一种全新的 Web 本体语言，称为 OWL 语言，用于知识表达和网络上的知识共享。Owl 语言允许对类和子类、属性和子属性进行规范，但它扩展了这些结构以允许实体之间更复杂的关系，包括限制类在数量和类型方面的属性等。

OWL 语言与语义网的发展紧密地交织在一起，在许多方面，OWL 语言是 20 世纪 80 年代和 90 年代的术语知识表示语言之路的自然演化结果。作为一种应用于网络的本体语言，OWL 本质上是一种具有高度表达力的描述逻辑。在本章中，我们将使用“本体”表示使用 OWL 语言所描述的术语性知识或领域理论。

二、语义网基础概念

语义网技术是传统万维网的自然扩展，其在传统的万维网协议栈的基础上，以不修改原有协议的方式添加了可供机器“理解”的语义层。本节将简要介绍语义网协议栈中的基础性概念，包括字符编码、统一资源标识符、命名空间，以及语义标记词汇等。

（一）字符编码

在传统的面向展示的万维网协议机制中，不同语言的字符应该以统一的方式进行编码，例如，Web 浏览器应该能够同时显示中文和西文字符。这种全球统一的字符编码机制目前已被广泛地应用于各种不同的数据操作技术。为实现这一目的，国际标准化组织制定了 Unicode 国际标准，使世界各地的计算机能够一致地显示和操作各种语言的文字。此外，Unicode 标准通过使用统一编码转换格式（Unicode Transformation Format，UTF）实现了从大约 10 万个字符子集到其他各种编码的映射。例如，其中最著名的

① 在本书中，语义网系指 Semantic Web，语义网络系指 Semantic Networks。

UTF-8 编码可以实现 8 位可变宽度的 ASCII 格式向后兼容。在语义网中，Unicode 是缺省的字符编码标准。

（二）统一资源标识符

在万维网中，通过采用通用资源标识符（Universal Resource Identifier, URI）使在网络中的资源可以被唯一地标识和引用。这种资源唯一标识机制是传统的万维网（Universal Resource Location, URI）地址超链接机制的扩展。与 URL 相比，URI 可以是 URL（表示位置信息），URI 也可以解释为通用资源名（Universal Resource Name, URN）。根据国际互联网任务工作组发布的 RFC 3986 的定义，URI 的结构表示如下：

URI=scheme":" hier-part ["?" query] ["#" profile]

URI 的意义在于其可使万维网中的资源被机器所处理。但是，对人类用户而言，URI 的表达机制在某种程度上是非直观的。近年来，语义网相关工作组在 URI 表达机制的基础上对语义网中的资源命名机制进行了进一步的泛化，定义了国际资源标识符（International Resource Identifier, IRI）的概念。IRI 可以进一步扩展使用非 ASCII 字符进行标识符的命名。

（三）命名空间

在万维网技术中，为了使 XML 元素可以在较大的范围（如全世界范围）内实现复用，需要首先解决 XML 元素的名称冲突问题。为了解决这一问题，互联网任务工作组提出了一种二级命名机制，称为“命名空间”（Namespace）。命名空间是一组作为 XML 元素类别或属性名称的 URI 组成的（非数学含义的）集合。在命名空间机制中，一个 XML 元素名称被冒号分解为两个部分，冒号左边称为 XML 元素的命名空间名称，冒号右边称为 XML 元素的本地名称。这种命名方法也称为 Qname（Qualified Names）命名法。命名空间名称即一个 URI，在全世界范围内具有唯一性。本地名称在同一个命名空间内具有唯一性。这种二级命名机制使每一个 XML 元素都具有全世界范围的唯一性。由于命名空间名称 URI 的形式通常比较复杂，为了简化命名空间名称的书写形式，可将命名空间缩写为“命名空间前缀”（Namespace Prefiexes）。例如，在语义网中最为常见的命名空间 http：//www. w3c. org/1999/02/22-rdf-syntzx-ns#可缩写为 rdf。在语义网中，RDF、RDFS 和 OWL 等采用 Qname 形式的 IRI 作为各种资源名称、资源的属性名称和资源之间的关系名称，从而使语义网中的构建元素获得了一种松散耦合的“信任”权威性，实现大范围的复用。

（四）语义标记词汇

语义网技术的目的不仅是为互联网上的文件资源提供可互操作的连接机制，而是对世界（论域）中任何资源进行表述。语义网技术为这种描述提供了形式化的“主—谓—宾”三元组语法框架。但是，这种三元组并没有提供关于资源的语义描述。为了使不同的用户获得对资源概念的统一理解或解释，语义网技术通过将三元组描述与专门定义的术语相结合，为专有的术语概念提供了统一、清晰的语义定义。由于在语义网中，对资源是通过 IRI 进行指称的，因此由 IRI 集合所组成的命名空间即构成了一个定义语义的标记词汇“字典”。在语义网中，主要的词汇字典包括：Dublin Core、schema. org 和 SKOS 等。

三、资源描述框架

实现语义网目标的基础是向万维网上的文本添加相对简单、具有轻量级语义的元数据。在语义网协议栈中，用于这种元数据表示的技术是资源描述框架 RDF（Resource Description Framework）语言，以及用于定义和扩展 RDF 语义表达能力的 RDFS（RDF Schema）语言。与主题地图（Topic Maps）和 UML（Unified Modeling Language）语言等其他用于进行知识结构表示的语言不同，RDF 和 RDFS 继承了万维网语言的语法思路，使 RDF 资源可以像 HTML 文档那样直接指向其他 RDF 资源，适用于在多个文档或网络位置上进行分布式内容发布。RDF 语言的主要作用是一种灵活地面向万维网的轻量级元数据表示方法。但在语义网协议栈中，RDF 是更为高级的知识表示语言的基础。从知识表示角度看，RDF 语言是一种简单的断言式知识表示语言，它定义了对万维网中各种事、物的一种陈述方法。

RDF 数据模型的核心概念包括资源（Resource）、属性（Property）和陈述（Statement）。资源是指任何可被 URI 命名的对象，包括万维网中的

Web 站点、网页、XML 文档中的元素等，也可以包括非网络的、现实世界中存在的任何物理的、抽象的事物或随时间演进的事件等。在 RDF 模型中，属性是指与描述资源有关的特征或关系。属性是对相关资源进行表述的关键，如资源的外观、特点、性质、与其他资源之间的关系等。从元数据的角度，属性也为“数据的数据”提供了一种规范化的表述方式。在语义网技术中，对资源的描述（元数据）都是通过具有特定含义的资源的属性所表达的。同时，属性本身也是一种特殊的资源，因此，属性也需通过 IRI 进行指称，并可进一步通过其自身的属性与其他资源相连接。

一个 RDF 语句在形式上是由主语 s、谓词 p、宾语 o 构成的三元组 $<s, p, o>$。RDF 三元组可以看作形式逻辑中谓词逻辑 $p(s, o)$ 的一种句法变体，通过 RDF 三元组可以在形式上定义主语 s 和宾语 o 之间关系（谓语）p 的断言。RDF 三元组中的主语 s 是一个资源，并且通过 IRI 进行指称。在 RDF 中，通过 IRI 指称的资源称为这个 IRI 的指称物（Referent），意指世界中存在的对象。宾语 o 表示资源（主语）s 所具有的一个特定的属性，或与 s 具有特定关系的另一个资源对象。当 o 是另外一个资源对象时，可以通过 IRI 进行指称。当 o 代表 s 所具有的一个特定的属性时，应通过字面量（Literal）的方式进行表示。在 RDF 中，一个字面量由两部分组成，包括字面量类型（Literal Type）和词汇形式（Lexical Form）。字面量类型将词汇形式映射到字面量值。缺省情况下，RDF 的字面量类型为字符串。

当 RDF 三元组中宾语代表一个资源时，可以同时是另一个 RDF 三元组的主语，因此这种通过资源之间的关系而相互连接 RDF 三元组集合构成了一个有向图模型，其中图的节点是三元组的主语或宾语，图的（有向）边是资源的属性或与其他资源的关系。由 RDF 三元组模型所构成的这种有向图概念模型同数据库概念设计中常采用的“实体—关系”概念建模方法非常相似。我们可以认为，RDF 三元组的主语和宾语对应着实体，而 RDF 中的谓语对应着关系。由于 RDF 主语所表示的资源可以有多个属性或关系，并且通过关系，一个资源可以与另外一个资源相连接，而该资源同样可以有多个属性或关系。因此，RDF 有向图可以通过资源的属性将多个资源相互链接，而不断地增大。从理论上说，RDF 有向图模型的表达能力是十分强大的，可以描述现实世界中任意复杂的对象。例如，RDF 被证明可以与传统的主题地图相互映射。而且，由于 RDF 有向图具有更细致的粒度，因此比主题地图更具有语义表达力。这里需要特别指出的是，一个 RDF 三元组集合所构成的 RDF 有向图是对一组资源的静态描述，即资源的状态在时域中某一点的片段。当需要使用 RDF 有向图模型表达时域中演变的动态资源状态时，需要定义具有专门语义的相关术语集。

同用于表示词汇或术语类别的主题地图一样，RDF 语言可以被用于表示词汇的分类结构和同义词库。但与主题地图等专用的词汇分类语言相比，RDF 语言除了用于陈述词汇类别、术语有关信息内容的事实外，还可以用于描述语义类别和概念等更多的语义描述用途。因此，RDF 语言除了用于表示元数据之外，还可以用于更具有通用性的知识表示。

（一）RDF 序列化语法

RDF 有向图是一种可视化的二维数据机构的表达方式。但在计算机系统中，RDF 有向图需要以文本文件的形式进行存储。因此，需要定义特定的文件格式对 RDF 有向图进行序列化，即“扁平化”，以适应文本文件中字符串的一维线性要求。在现有的语义网技术标准中，存在多种不同格式的 RDF 文本文件存储格式。但需要强调的是，无论哪一种文件格式，RDF 文本文件的序列化与 RDF 有向图的三元组顺序无关。在 REF 文件中，三元组的顺序取决于先序列化哪个节点的任意选择。

目前，万维网联盟（W3C）RDF 工作组所定义的 RDF 串行化语法标准包括 RDF/XML、JSON-LD、N-Triple、N-Quads、TriG，以及更为简洁的 Turtle。其中，RDF/XML 是第一种 RDF 串行语法标准，至今仍有人把 RDF/XML 语法简称为 RDF 语法。RDF/XML 语法具有 XML 格式的优点，为计算机执行提供一致的语义表达方式。但是，由于 XML 文档嵌套型的元素顺序相关树模型妨碍了无序性 RDF 有向图模型的使用，因此解析 RDF/XML 是一件比较困难的任务。并且，RDF/XML 的语法规则通常十分冗长，难以学习和掌握。由于 RDF/XML 语法存在的上述问题，RDF 工作组陆续定义了规则更为简洁的其他 RDF 语法标准。下面，我们将以通过自然语言陈述事实的“任正非是华为公司的创始人，也是孟晚舟的父亲”这句话为例，分别简要介绍 RDF/XML 和 Turtle 语法规则的主要特点。

首先，在“任正非是华为公司的创始人，也是孟晚舟的父亲”这句话中，我们需要定位其中的资源、资源的属性，以及资源之间的关系等重要概念。从字面意思中我们可以推测，字符串“任正非”和“孟晚舟”分别是两个人的名字，而人的名字应该是人的一个社会属性。所以“任正非”和“孟晚舟”这两个名字分别指称着世界中存在的两个对象（人），即两个资源。同样，字符串“华为公司”是一个公司的名字，指称着世界中存在的一个对象（公司），亦即一种资源。在 RDF 模型中，资源通过对应的 IUI 命名。我们假设上述资源都存在于 IRI 为 http：//www. example. org/law 的命名空间内，该命名空间前缀为 el。那么可将名为任正非的对象的 IRI 命名为 el：RZF，名为孟晚舟的对象的 IRI 命名为 el：MWZ，名为华为公司的对象的 IRI 命名为 el：HW。

在明确了相关的资源后，我们需要进一步定位上述的事实陈述语句中涉及的相关资源的属性概念。在上面的陈述中，存在两组显式的资源之间的关系，即 el：RZF 和 el：HW 之间存在“是创始人”的关系，el：RZF 和 el：MWZ 之间存在“是父亲”的关系。我们可以进一步将这两个关系的 IRI 分别命名为：el：father 和 el：founder。此外，在上述的事实陈述中还存在一个隐含的资源属性，即无论是人物对象还是公司对象，都有一个社会属性“名称”。因此，这个隐性的属性亦可通过一个 IRI 命名，设为 el：name。在定义了上述事实陈述的主要资源和属性的 IRI 后，我们可以得到这样一组对相关事实进行描述的 RDF 三元组：<el：RZF，el：father，el：MWZ>、<el：RZF，el：founder，el：HW>、<el：RZF，el：name，“任正非”>、<el：MWZ，el：name，“孟晚舟”>、<el：HW，el：name，“华为公司”>。将这组 RDF 三元组集合通过共有资源相互连接后，即构成了“任正非是华为公司的创始人，也是孟晚舟的父亲”所描述的相关事实的 RDF 有向图模型。

这里需要额外指出的是，在 RDF 中的任何三元组可作为一个整体被重新定义和显式命名。例如，三元组<el：RZF，el：founder，el：HW>整体作为一个陈述类的资源（Statement），其 IRI 可命名为 el：RZF-founder-HW。在 RDF 中，陈述类的资源具有三个内置的属性，分别为：rdf：subject、rdf：predicate 和 rdf：object①，可用于显式引用该资源的主语、谓词和宾语对象等属性。在 RDF 中，将一个三元组整体定义为一个新的资源，称为“物化”（Reification）。物化使 RDF 语言具有多层次的事实描述粒度，从而可根据智能系统的功能控制 RDF 有向图模型的复杂度。

上述 RDF 三元组集合通过 RDF/XML 序列化后，可表示如下：

```
<? xml version="1.0"? >
<rdf：RDF xmlns：rdf="http：//www. w3. org/1999/02/22-rdf-syntax-ns
#"
xmlns：el="http：//www. example. org/law"
```

① 此处 rdf 是命名空间 IRI"http：//www. w3. org/1999/02/22-rdf-syntax-ns"的前缀缩写。

```
xml: base="http: //www. example. org/law" >
    <rdf: Property rdf: ID="founder" />
    <rdf: Property rdf: ID="father" />
    <rdf: Property rdf: ID="name" />
    <rdf: Description rdf: about="#RZF"    >
            <el: founder rdf: resource="#HW" />
            <el: father rdf: resource="#MWZ" />
            <el: name>任正非</el: name>
    </rdf: Description>
    <rdf: Description rdf: about="#MWZ"    >
            <el: name>孟晚舟</el: name>
    </rdf: Description>
    <rdf: Description rdf: about="#HW"    >
            <el: name>华为公司</el: name>
    </rdf: Description>
    <rdf: Statement rdf: ID="RZF-founder-HW" >
              <rdf: subject rdf: resource="#RZF" />
              <rdf: predicate rdf: resource="#founder" />
              <rdf: object rdf: resource="#HW" />
      </rdf: Statement>
    </rdf: RDF>
```

在 RDF/XML 中，rdf：description 元素用于表示 RDF 有向图的资源类节点，并使用 rdf：about 属性来声明由 URI 所引用指称的该资源。表示资源属性（表示关系的谓词）的 XML 元素通过 rdf：resource 将其宾语对象连接起来。

如前所述，在 RDF 三元组中，表示关系的谓词作为一种资源，本身也可以具有属性。例如，作为 el：RZF 属性的 el：founder 除了表示 el：RZF 和 el：HW 之间的“创建人”关系，还可以作为一个资源，表示其类型属性 rdf：property。同时，如果某个资源的类型属性是已知的，例如 el：founder、el：father、el：name 的类型属性都是谓语（其对应的 IRI 为 rdf：Property），则我们可以直接在该资源的类型元素下，通过 rdf：id 属性声明该资源的 IRI。例如，<rdf：Property rdf：ID = "founder" />元素将 el：founder 的类型声明为 rdf：property。这条语句所对应的显式资源声明语句是：

```
<rdf: Description rdf: about="#founder" >
  <rdf: type
    rdf: resource="http: //www. w3. org/1999/02/22-rdf-syntax-ns#
    Property" />
</rdf: Description>
```

与 RDF/XML 相比，Turtle 和 N-triple 是更为简洁易读的串行化语法标准。Turtle 是 N3（Notation3）语言的一个子集，其语法规则与 N-triple 的语法高度兼容。在 N-triple 和 Turtle 语言中，RDF 有向图中所有的三元组都被拼写出来。但与 N-triple 相比，由于 Turtle 定义了一些速记符号，使其比 N-triple 更加简洁、易读。例如，在 Turtle 中，可以使用分号分隔主语相同的几个连续语句中的谓语和宾语，从而省略了重复三元组的主语。还如，在 Turtle 中，保留字符 a 以及替换 rdf：type 属性，从而使资源类型属性的声明变得十分简单。代码 1 所表示的 RDF 有向图模型的 Turtle 系列化代码可表达如下：

```
@ prefix el: <http: //www. example. org/law> .
@ prefix rdf: <http: //www. w3. org/1999/02/22-rdf-syntax-ns#> .

el: RZF
    el: name "任正非" @ zh-Hant;
    el: founder el: HW;
    el: father el: MWZ .
el: MWZ
    el: name  "孟晚舟"   @ zh-Han.
el: HW
    el: name  "华为公司"   @ zh-Han.
el: name
    a rdf: Property.
el: founder
    a rdf: Property.
el: father
```

```
        a rdf: Property.
el: RZF-founder-HW
           a rdf: Statement;
        rdf: object el: HW ;
        rdf: predicate el: founder;
        rdf: subject el: RZF.
```

（二）RDF Schema 词汇描述语言

虽然 RDF 有向图模型可以用来通过复杂的图数据结构描述世界中的各种事实和事件，但它在语义和自动推断等方面提供的表达能力却十分有限。例如，在前面的例子中，RDF 没有提供标准的方法以说明 el：RZF 和 el：MWZ 都是人，或者 el：father 关系只对应的是人人之间的关系。为解决这一问题，RDF 工作组进一步在 RDF 的基础上提出了 RDF Schema（RDFS）词汇描述语言，来定义一系列基本的知识原语，以表达更为一般性的知识。

RDFS 所定义的大多数描述知识结构的原语都已在 20 世纪 70 年代的语义网络中被普遍使用。例如，RDFS 引入了类（rdfs:Class）和传递子类关系（rdfs：Subclasssof）的概念，这些概念允许 RDFS 描述事物或知识的分类体系。在定义了类的概念基础上，RDF 或 RDFS 可以使用 rdf：Type 属性将资源定义为属于某个类。并且在 RDFS 中，资源的类型可以通过 rdfs：subclasssof 关系得到继承。换言之，属于某一个类的资源，必然也属于这个类的所有（多级）父类。在 RDFS 中，名为 rdfs:Class 的资源被定义为所有类的父类，也就是说，在 RDFS 中所有的类的类型都是 rdfs:Class。但是 rdfs:Class 作为资源，是 rdfs：Resource 类的子类。在 RDFS 中，所有资源的属性都是 rdfs:Class，但所有资源的父类都是 rdfs：Resource。在 RDFS 中，包括类型化和非类型化的所有 RDF 字面量的类型都是 rdfs：Literal 类。但是，对于类型化的字面量而言，其类型是由 rdfs：datatype 类所定义的数据类型的 rdfs：Literal 子类的实例。

在 RDFS 中，基于 rdfs：subclasssof 属性和 rdfs:Class 可产生两个问题。第一，所有类，甚至 rdfs:Class 自身都是 rdfs:Class 的实例，而对 rdfs:Class 的子集（实例集），以及 rdfs:Class 的子集的子集等定义并没有限制。这将导致 rdfs:Class 类及其子集可以有无限多的层级结构。第二，由于 rdfs：

Class 是 rdfs：Resource 的子类，但是同时 rdfs：Resource 又是 rdfs:Class 的实例，即 rdfs：Resource 与 rdfs:Class 之间互为实例和父类，这会导致对资源类别的循环定义。而这种一个集合同时可以是自身元素的定义，可能会产生著名的罗素悖论，也就是说，可能会定义一个不是其自身元素的集合。而基于 RDFS 语义扩展的元模型也无法排除这种类的定义。例如，对 RDFS 允许限定基数限制的直接语义扩展，甚至在 rdf：type 属性上添加 0 的基数约束，仍将允许定义类为其自身的实例。

在 RDFS 中，将 RDF 三元组的资源属性作为一类特殊的集合定义为 rdf：Property 类（注意，rdf：Property 的命名空间为 rdf）。rdf：Property 类是 rdfs：Resource 的子类，同时是 rdfs:Class 的一个实例。根据 RDF 对资源属性的定义，资源属性是连接两个资源（主语和宾语）的关系，rdf：Property 的实例都应具有主语和宾语。rdf：Property 类的主要实例包括 rdfs：domain、rdfs：range 和 rdfs：subpropertiesof 等。其中，rdfs：range 属性代表其主语 *P* 是 rdf：Property 类的一个实例，其宾语对象 *C* 是 rdfs:Class 类的一个实例。并且，对于任何以 *P* 为谓语的 RDF 三元组，其宾语对象为 *C* 的实例。rdfs：domain 属性代表其主语 *P* 是 rdf：Property 类的一个实例，其宾语对象 *C* 是 rdfs:Class 类的一个实例。并且，对于任何以 *P* 为谓语的 RDF 三元组，其主语为 *C* 的实例。在 RDFS 中，通过引入 rdfs：domain 和 rdfs：range 这两个资源属性的属性，使 RDFS 的“类别—属性”概念体系与其他计算机面向对象的设计思想有所区别。在面向对象的设计方法中，类是基于其所蕴含的属性而定义的，但在 RDFS 中，资源的属性是基于其所描述的资源的类别而定义的。这种以属性为中心的概念体系有利于体现“任何人可以将已存在的任何资源进行扩展”这一核心的万维网构架原则。

例如，通过如下三个三元组：

```
el：father
    rdfs：domain el：Person ;
    rdfs：range el：Person .
el：RZF
    el：father el：MWZ .
```

可以推断，el：father 是一种属性，其主要和宾语对象都属于 el：Person 类（人），而 el：RZF 和 el：MWZ 这两个对象都属于 el：Person 类。即：

```
el：father
    a rdf：Property .
el：Person
    a rdfs:Class .
el：RZF
    a el：Person .
el：MWZ
    a el：Person .
```

rdfs：subpropertiesof 属性是 rdf：Property 类的另外一个重要实例，它代表一个资源属性（子属性）是另一个资源属性的子属性。在 RDFS 中，并没有定义层级化的资源类概念，而是通过 rdfs：subpropertiesof 属性表示如果两个资源通过某个属性相关联，那么它们也与其他父属性相关联。

rdfs：subpropertiesof 具有传递性的属性，rdf：Property 类的 rdfs：domain 和 rdfs：range 属性可通过 rdfs：subpropertiesof 属性传递至其子属性。

rdfs：label 属性和 rdfs：comment 属性可以通过语言标记使用多种语言为资源提供以人类可读的形式注释。其中，rdfs：label 属性可为资源的 IRI 提供一个人类可读的名称替代名。这两个属性的取值范围是 xsd：string 数据类型。

例如，上面代码 1 中出现的 el：name 属性可进一步通过 rdfs：label 和 rdfs：comment 加以注解和说明：

```
el：name
    a rdf：Property ;
    rdfs：label "Name"   @en ;
    rdfs：label "Nom"   @fr ;
    rdfs：label "Name"   @de ;
    rdfs：label "姓名"   @zh-Han ;
    rdfs：comment "This   property   is used to specify a person's
    name."   @en ;
      rdfs：comment "这个属性用于为人标明其姓名"   @zh-Han .
```

在 RDFS 中所定义的 rdfs：subclassof、rdf：type、rdfs：domain 和 rdfs：

range 等属性既是用于其他 RDFS 建模定义的原语，也可以用于使用这些原语表示领域模型，这将导致元模型与领域知识的混淆。虽然通过指定模型理论语义，可以部分地解决 RDFS 原语的建模混乱问题。但是，RDFS MT 仍存在非固定元建模架构的问题。

综上所述，RDFS 作为一种相对轻量级的（知识）概念分类体系描述方法，可以为 RDF 模型添加额外的语义信息。但在从知识表示的许多方面来看，RDFS 存在诸如类别循环定义、非固定元建模架构等很多基础性的问题。此外，除了可以表示 rdfs：domain 和 rdfs：range 属性之外，RDFS 还缺乏可以简洁地定义类成员的必要和充分的条件、基数约束和否定型等知识结构原语。因此，当作为一种知识表示语言时，RDFS 具有明显的缺陷。

四、网络环境下的知识表示

语义网的思想受到知识领域研究者们的巨大关注。因为，知识共享是 20 世纪 90 年代知识表示和获取领域的一个重要的愿景。但这一美好的愿景在传统的图书馆时代是无法实现的，而在万维网中，准确地说是语义网中，知识共享确实一种顺乎其然的结果。在语义网中，知识共享不需要人为地控制和发布，只需通过某个特定的 IRI 提供知识表示就可以实现。最早的针对万维网开发的本体语言是与 RDF 和 RDFS 几乎同时出现 SHOE（Simple HTML Ontology Extension）语言。SHOE 语言基于 XML 语法和框架的概念描述，在 HTML 网页上扩展的语义注释。但是与 RDFS 一样，SHOE 作为知识表示语言也缺乏定义良好的语义。

网络环境下的知识表示语言需能支持标准化的知识推理。也就是说，在相同的输入条件下，通过标准化的推理，应该得到相同的结论。因此，网络环境中的本体语言不仅是一种可以用来在系统之间交换形式化领域理论的规范性语言，而其本身就是一种知识表示语言。这种网络环境下的知识表示语言不仅应使知识能够在人类用户之间共享，而且更为重要的是可以用于在分布式智能系统之间进行知识交换。也就是说，遵循相同知识表示规范的不同智能系统之间能够正确地自动解释彼此的语义信息。

同时，由于基于网络环境下信息交换的智能系统越来越多地应用于处理关键任务，所以基于网络环境的知识推理不仅应该具有计算高效性，而且还应该具有完备性和完整性。这意味着，在设计基于网络的知识表示语言时，必须应该同样遵循受限语言理论，认真权衡计算效率与表达能力之间的关系。具体而言，基于网络的标准化知识推理为了实现计算高效性和可判定性，则其所使用的知识表示语言在计算复杂性和表达能力上就要受到一定的限制。

此外，基于网络的知识表示语言还要在遵循互联网开放性和扩展性与定义良好的形式化语义之间取得平衡。所谓遵循互联网的开放性，系指基于网络的知识表示语言应该建立在现有的万维网/语义网标准（如 XML、RDF 和 RDFS 等）之上，并允许在网络空间中进行知识的自由扩展和复用。这意味着不仅本体语法形式可以进行互操作，而且本体的语义也可以进行互操作。而在互联网开放性的环境下，不同本体之间可以实现语义层面的互操作意味着基于网络的本体应采用开放世界的假设。在开发世界假设下，任何本体论都代表着不完全的知识，因此知识推理应该只根据那些已知为真的陈述做出推论。这是因为在开放性的网络环境下，如果采用封闭世界假设（未知即为假），那么会产生在不同的本体下对同一对象进行相同推理，但可能得到不一致结果的问题。

针对网络环境下形式化语义表示问题，人们最初分别提出了 DAML（DARPA Agent Markup Language）语言和 OIL（Ontology Inference Layer）语言。这两种形式化语义表示语言都是前述的描述逻辑的语法变种。例如，OIL 语言就是使用$\mathcal{SHIQ}$描述逻辑来对万维网信息进行语义建模和推理。2001 年，知识表示领域的研究者们进一步将 DAML 语言和 OIL 语言组合为一体，提出 DAML+OIL 语言，DAML+OIL 语言具有描述逻辑的语义，同时在语法上进行了基于描述逻辑的变体，以最大限度地与 RDF 兼容，实现在网络环境下的知识共享，将网络环境下知识共享原则与形式语义和有限的描述逻辑表现性有机地结合起来，并允许合理完整的自动推理。可以说，DAML+OIL 语言是第一种专门面向网络环境的知识表示语言，它也是 W3C 国际万维网组织正式开展语义网知识表示标准起草工作的具有标志意义的起点。

在 DAML+OIL 语言的基础上，W3C 组织于 2003 年成立万维网本体工作组，开始专题研究编制语义网知识表示语言标准，并于 2014 年正式发布了第一代 OWL（Web Ontology Language）语言。在 2007 年，W3C 重新成立了 OWL 工作组，在第一代 OWL 语言的基础上进一步扩展，并于 2019 年正式发布第二代 OWL 语言。为了区分这两代不同版本的 OWL 语言，本书将第一代和第二代语言分别简写为 OWL1 和 OWL2。

OWL 语言在 DAML+OIL 语言的基础上，继承了其描述逻辑的语义表达思想，同时吸取了很多 DAML+OIL 语言在开发和实施中获得的经验和教训。OWL 语言通过新增很多结构性的原语对描述逻辑定义了更为严格的语义，同时在语法上也比 RDF 和 RDF 更加兼容。此外，OWL 语言还规范了在网络环境下如何发布知识本体。接下来，我们将分别介绍 OWL1 和 OWL2 的词汇术语集及其相关语义。

（一）OWL1

OWL1 语言是以$\mathcal{SH}$系列描述逻辑为语义模型基础，针对网络环境下对知识表示语言的不同需求，而制定的一组具有不同语义表达能力和计算效率的子语言，包括 OWL Full、OWL DL 和 OWL Lite，每个子 OWL 语言分别强调不同的知识表示要求，并且上述三个 OWL 子语言的表达能力依次递减。其中，具有语义表达能力最强的是 OWL Full 子语言，它在原有的语义网 RDF 标准基础上进行了语义扩展，增加了用于知识表示的原语。OWL Full 子语言适用的场景（与模型的计算效率相比）是对语义表达能力有极度高的要求，同时保持与 RDFS 具有最大兼容性的情况。换言之，任何使用 OWL Full 子语言所生成的本体都是有效的 RDFS 模型，反之亦然。但这意味着同 RDFS 一样，通过 OWL Full 子语言所生成的本体中元模型与领域知识混淆，但也因此会导致 OWL Full 推理出现不可判定性问题。

为解决 OWL Full 子语言的不可判定性问题，需要对 OWL Full 语言的语法集进行限制。也就是前述的在设计知识表示语言时需要在可表示性与计算效率之间进行权衡，获得更高的计算效率通常是以牺牲语义的表达能力为代价的。因此，通过对 OWL Full 子语言的语法集限制后得到一个 OWL Full 语法集的子集，即 OWL1 语言的第二种子语言：OWL DL。在语义表达能力上，OWL DL 子语言与$\mathcal{SHOIN}^{(\mathcal{D})}$描述逻辑等价。由于$\mathcal{SHOIN}^{(\mathcal{D})}$描述逻辑具有很强的语义表达能力，允许构造极其复杂的表达式，因此在 OWL1 语言系列中，OWL DL 子语言是最具语义表达能力，且同时具有可判定性的推理算法的子语言。从另一个角度而言，由于追求尽可能高的语义表达能力，OWL DL 子语言虽然具有可判定性，但推理的计算代价很高；而为了保持算法的可判定性，OWL DL 子语言与 RDFS 的兼容性仅限于 RDFS 的特定子集。也就是说，尽管每个 OWL DL 本体都是有效的 OWL FULL 本体，但反之则是不成立的。并且，由于 OWL DL 语义推理给出的结论对于 OWL FULL 而言都是有效的，因而 OWL DL 本体的 RDFS 解释与$\mathcal{SHOIN}^{(\mathcal{D})}$描述逻辑的推理结果是一致的。

为了进一步改善 OWL DL 子语言所存在的高计算复杂度的问题，需要对 OWL DL 的语法复杂性进行进一步的简化，从而形成了 OWL1 语言系列的第三个子语言：OWL Lite。OWL Lite 子语言的语义描述能力与$\mathcal{SHIF}^{(\mathcal{D})}$描述逻辑等价。由于 OWL Lite 是 OWL DL 的一个语法子集，因此任何 OWL Lite 的推理结论都是一个有效的 OWL DL 结论，并且 OWL Lite 本体的 RDFS 解释与$\mathcal{SHIF}^{(\mathcal{D})}$描述逻辑语义含义一致。虽然 OWL Lite 子语言的设计初衷是通过弱化语法复杂度来提高模型算法的计算效率，但人们很快发现 OWL Lite 的句法限制并没有真正使其语义表达能力等价于$\mathcal{SHIF}^{(\mathcal{D})}$，通过对 OWL Lite 语法构造的复杂组合，仍可使 OWL DL 的大多数语义通过 OWL Lite 来表达。这意味着 OWL Lite 并没有从本质上改善 OWL DL 的计算效率问题。

同第一章所介绍的描述逻辑相同，OWL 语言采用描述性公理的方法进行知识的组织和表示。也就是说，在各类 OWL 语言中，均通过描述性公理进行类和属性，及其层级的定义，通过断言的方式声明个体与所属的类别（及其上层父类）、与其他个体的关系，下面我们将分别介绍 OWL1 所采用的主要定义类和属性的描述性公理，以及对个体属性关系的声明方法。

1. 类定义的描述公理

在 OWL1 的三个子语言中，OWL Full、OWL DL 和 OWL Lite 的语义表达能力是依次递减的。其中，只有 OWL Full 子语言与 RDFS 具有等价的表达能力，而部分 RDFS 的类并非有效的 OWL DL 的类和 OWL Lite 的类。因此，OWL1 在 rdfs:Class 类之下定义了一个新的 owl:Class 类，作为所有的 OWL 类的类型。因为在 OWL Full 中，所有 RDFS 类都是有效的，因此在 OWL Full 子语言语义中，owl:Class 等效于 rdfs:Class。

同时，OWL1 定义所有的 OWL 类都是 owl:Thing 类的一个子类。在 OWL Full 中，owl:Thing 等价于 rdfs: Resource。但在 OWL DL 和 OWL Lite 中，owl:Thing 类等价于描述逻辑中的全集$\top$。相应地，owl:Nothing 类表示 owl:Thing 的补集，等价于描述逻辑中的空集$\bot$。在 OWL 中，父类与子类之间仍然可以通过 rdfs: subClassOf 属性进行关联。

作为面向网络环境的知识表示语义，OWL1 语言需要能够将不同的本体知识进行对齐（Ontology Mapping）。在 OWL1 中，如果两个类彼此是等效的，可以使用 owl:equivalentClass 属性进行表示；如果两个个体是相同的，可以使用 owl:sameAs 属性进行表示。owl:sameAs 属性的使用同时也表明 OWL1 对个体对象的命名没有采用所谓的唯一名称假设（Unique Name Assumption），也就是说，同一个个体实体，可以在不同的地方被赋予不同的名称。

在 OWL1 中采用了与描述逻辑一样的描述性公理进行类的定义。具体而言，存在两种不同的类的定义方式：命名方式和匿名方式。

所谓命名方式定义类是指通常所采用的利用类描述公理表示一个类与其他（一个或多个）类的分离、等价或子类等关系，从而以显式赋予类名称的方式来定义一个新的类。例如：

```
:PersonBioDescriptor a owl:Class .
:PersonColor rdfs:subClassOf :PersonBioDescriptor .
```

匿名方式是指通过枚举、集合运算或对类的属性进行限定三种不同的方法，实现以非命名的方式进行类的定义。下面，我们分别简要说明匿名方式定义类的三种不同方法：

（1）枚举定义法。所谓枚举定义法，就是通过简单的穷尽列举某个类下所有成员的方法来定义新的类。例如，在下面的类描述公理中：

```
:PersonColor a owl:Class ;
    owl:equivalentClass _:x ;
        _:x owl:oneOf ( :White :Yellow :Black :Brown ) .
```

定义了“肤色”类（:PersonColor）等同于由白色（:White）、黄色（:Yellow）、黑色（:Black）和棕色（:Brown）等子类组成的集合。在此公理描述中，通过使用_:x 表示 RDF 有向图中的空节点，即一个没有 IRI 命名的资源（类）。如果采用描述逻辑语法，则上述类描述公理可表示为：

$$PersonColor \equiv \{White, Yellow, Black, Brown\}$$

枚举定义法适用于定义可穷尽列举所有成员的类。对于无法穷尽成员的类，采用这种定义方法会导致类的定义信息不完整。

（2）集合运算定义法。在 OWL1 中，类的集合运算定义法是指使用并集、交集或补集等标准的集合运算法则等定义新的类。例如，在下面的类的描述公理中：

```
:PersonColor a owl:Class ;
  owl:equivalentClass [
    owl:unionOf ( :White :Yellow :Black :Brown ) ] .
```

定义了“肤色”类（:PersonColor）等同于对白色（:White）、黄色（:Yellow）、黑色（:Black）和棕色（:Brown）的并集运算。在此公理描述中，通过使用［ ］符号表示 RDF 有向图中的空节点，即一个没有 IRI 命名的资源（类）。如果采用描述逻辑语法，则上述类描述公理可表示为：

$$PersonColor \equiv White \cup Yellow \cup Black \cup Brown$$

同枚举定义法一样，集合运算定义法通常适用于定义可穷尽列举所有成员的类。对于无法穷尽成员的类，采用这种定义方法会导致类的定义信息不完整。

（3）类属性限制定义法。类的属性限制定义法是指通过定义所有满足某些类的属性限制条件的个体集合来定义一个类。对类的属性的限制条件可以是存在性的或全体性的，也就是说，这种方法对类的某些属性规定其属性取值至少应包括或所有值必须是其他（匿名）类的成员。此外，这种方法也可以通过对类的属性基数进行限制或指定类的属性的特定单值的方式定义类。例如，在下面的类的描述公理中：

```
:Person a owl:Class ;
    rdfs:subClassOf [
        a owl:Restriction ;
        owl:onProperty :cell_type ;
        owl:allValuesFrom :Eukaryote ] ;
    rdfs:subClassOf [
        a owl:Restriction ;
        owl:onProperty :cell_type ;
        owl:minCardinality 1 ] ;
```

```
rdfs: subClassOf [
      a owl:Restriction ;
      owl:onProperty : nationality ;
      owl:hasValue : Nations ] .
```

定义了“人”这个类（: Person）应具有真核细胞（: Eukaryote），同时至少有一个细胞类型属性的值，并且其国籍属性（: nationality）应从国家类（: Nations）中取值。从集合运算的角度，上述类的描述公理等同于对三个匿名子类的交集。如果采用描述逻辑语法，则上述类描述公理可表示为：

Person ⊆cellType only Eukaryote
　　　⊆cellType min1
　　　⊆nationality value Nations

需要注意的是，在 OWL1 中，表示存在性属性限制的 owl:someValuesFrom 属性和表示全体性限制的 owl:allValuesFrom 属性之间存在微妙的语义上的差别。owl:someValuesFrom 属性意味着某个属性至少有一个取值；而 owl:allValuesFrom 属性意味着某个属性的全部取值都应该源自某个类，但同时也意味着如果这个属性取值为空时，依然满足对该属性的限制条件。

2. 个体属性的声明

在 OWL1 中，通过采用 RDF 三元组来声明某个个体归属于某个类别方式被称为属于一个类，也就是说，通过 rdfs: type 属性将作为主语的个体对象和作为宾语的类连接起来。例如，我们可以通过下面的三元组表达某个个体对象（: aihua）属于人类（: Person）的含义：

```
: aihua a : Person .
```

如果采用描述逻辑语法，则上述三元组可表示为：

aihua ∈ Person

同样，也可以适用这种方式声明个体的属性取值。例如，我们可以通过下面的三元组表达某个个体对象（: aihua）的国籍属性（: nationality）

是中国（：china）：

aihua ：nationality ：china .

如果采用描述逻辑语法，则上述三元组可表示为：

nationality（aihua，china）

在描述逻辑中，个体是模型中域 $\Delta^{\mathcal{I}}$的元素，类是域 $\Delta^{\mathcal{I}}$的子集。因此，在 OWL1 中，具有不同名称的相同个体，该对应模型中的同一个元素。此外，为避免类同时是其父类的子集和元素而导致的不可判定问题，在 OWL DL 中要求个体必须对应其模型中域的元素，类对应域的子集，这两个概念不可以交互使用。

3. 属性定义的描述公理

OWL1 在原有的 RDFS rdfs：domain 属性和 rdfs：range 两个用于定义属性的基础之上，进一步扩展添加了其他定义属性的类和属性。与前述的类定义的描述公理相比，OWL1 用于属性定义的描述公理更为强大，这是因为：第一，在 OWL1 中，属性定义的描述公理具有全局性，与之相应的是类定义的描述公理只对类自身起作用。第二，同描述逻辑一样，OWL1 中类公理只影响术语箱（TBox）中的语义，而属性定义的描述公理会影响角色箱（RBox）中的语义，而角色箱中的属性公理则可能通过属性的域性质、范围性质或子性质等属性对角色箱中的类公理有较大影响。

在 OWL1 中，虽然通常来说对属性的类型没有限制，但某些属性类型和类别限制的组合是在 OWL DL 中被禁止的。例如，通过连接具有传递性属性所构造的复合属性在某些情况下可能会引起不可判定性问题。而通过属性的等价性、层级性或可逆性等属性定义的复杂属性则不允许出现在基数限制中。

在 OWL1 中，用于进行属性定义描述的主要属性性质和类别包括：

• 表示属性等价的 owl：equivalentProperty 属性。对于任何两个或两个以上的等效属性，其 rdfs：domain 属性和 rdfs：range 属性也相应是等价的；通过某个属性关联的任何一对个体也可以通过与之等价的另一个属性相关联。

• 表示属性的逆性质 owl：inverseOf 属性。任何两个通过属性 p 关联的主语和宾语个体，是与 p 相逆的新属性 p'（ p owl：inverseOf p'） 的宾语和主语个体。

• 表示属性具有对称性的 owl:SymmetricProperty 类。如果属性 p 具有对称性，则意味着任何通过 p 连接的主语对象和宾语对象具有互逆性质。例如，“是兄弟”即一个典型的对称属性。

• 表示属性层级关系的 rdfs：subPropertyOf 属性。在 OWL1 中，仍然可以使用 RDFS 中的 rdfs：subPropertyOf 属性定义某个属性 p 为另一个属性 p'（p rdfs：subPropertyOf p'）的子属性。根据描述逻辑的语义解释，属性 p 的模型是属性 p' 模型的一个子集。

• 表示属性具有传递性的 owl:TransitiveProperty 类。多个具有传递性的属性可以构成一个属性传播链，允许属性值沿着传播链进行传递。典型的具有传递性的属性是定义子类的 rdfs：subClassOf 属性。

• 表示属性的宾语取值范围只能有单一个体的 owl:FunctionalProperty 类。如果属性 p 的类型被定义为 owl:FunctionalProperty，则意味着在属性 p 的宾语对象都具有相同的模型。也就是说，无论 p 的宾语对象的名字是否一样，它们都是同一个个体对象。

• 表示属性的主语取值范围只能有单一个体的 owl:InverseFunctional-Property 类。如果属性 p 的类型被定义为 owl:InverseFunctionalProperty，则意味着在属性 p 的主语对象都具有相同的模型，也就是说，无论 p 的主语对象的名字是否一样，它们都是同一个个体对象。

这里需要特别说明的是，在 OWL1 中，由于属性的域性质和范围性质在原则上可以不受任何方式的限制，因此属性值可能是字符串或实数等具体的数据。然而，已有研究表明将具体的数据类型和描述逻辑相结合可能会导致不可判定性问题。因此，为了保持模型的可判定性，OWL DL 采用了 Horrocks 和 Sattler 所提出的解决方案：在个体名称集合 N_I 中定义了一个特殊的子集 N_{I_c}，对应模型的域 $\Delta^{\mathcal{J}}$ 中由具体数据值所构成的子集 $\Delta_D^{\mathcal{J}}$，该子集与 N_{I_c} 对应的由抽象个体对象所构成的域 $\Delta^{\mathcal{J}}$ 不相交，即 $N_I = N_{I_c} \cup N_{I_a}$。如同在 $\Delta^{\mathcal{J}}$ 中类是域的子集、个体是域的元素一样，在 $\Delta_D^{\mathcal{J}}$ 中数据类型被解释为 $\Delta_D^{\mathcal{J}}$ 域的子集，而数据值是 $\Delta_D^{\mathcal{J}}$ 域的元素。这种将具体的数据类型和抽象的对象进行分开处理的方式，导致了在 OWL DL 中存在两种互不相交的属性类型：只具有字符串值或整数等具体数据类型的属性集合 N_{R_c}，以及只有个体作为值的属性集合 N_{R_a}，即 $N_R = N_{R_c} \cup N_{R_a}$。

在形式语义上，由于数据类型属性 D 为二元关系，即所有对象数据值对的集合的子集：$D^{\mathcal{I}} \subseteq \Delta^{\mathcal{I}} \times \Delta_D^{\mathcal{I}}$。因此，在 OWL DL 中，属性值只能处于宾语位置，不能具有对称、可逆、传递等性质。

（二）OWL2

OWL2 语言在 OWL1 语言的基础上，对许多方面进行了扩展，包括扩展了 OWL1 的词汇集合、为常用的 OWL1 算符定义了速记符号、支持用户自定义的数据类型和双关语、提出了更高效的推理算法以及可扩展的模块化体系结构等。

为增强语义表达能力，OWL2 在$\mathcal{SHOIN}^{(\mathcal{D})}$描述逻辑的基础上，定义了新的语义描述逻辑$\mathcal{SROIQ}$，以解决 OWL1 与 RDF 映射时存在的语义模糊性问题，增加了属性的公理表达能力。例如，在 OWL2 中，可以表达父子、大小等具有不对称性的属性。所谓具有不对称性的属性是指该属性与其逆属性不相交。而两个属性之间的不相交意味着它们的模型是不相交的，也就是说，任何一对个体都不能同时存在于这两个属性所对应的模型域（集合）中。同时，如果两个属性不相交，也可用于比较烦琐地表达两个个体是对于某种属性无关的。而通过“属性链包含”（Property Chain Inclusion）原语，OWL2 可以表达通过属性链传递从而继承语义的复杂属性。例如，可以通过连接两个“父亲”属性来定义“祖父”属性。属性链包含原语为本书后面将要讨论的法律知识表示问题提供了强大的语义表达手段。

下面，我们分别对 OWL2 中新引入的双关语、本体元数据的表示和模块化的语言子集三个重要语言特征做简要的介绍和说明：

1. 双关语

如前所述，在描述逻辑中为保持本体推理的可判定性，不允许进行元建模或在语言词汇集中定义元逻辑符号。也就是说，在逻辑语义词汇集合中，类、个体和属性的名称集应是不相交的。这种为避免不可判定性问题而限制语言表达能力的方法是一种典型的表达能力与计算能力权衡折中策略的体现。而在 OWL2 中，则通过引入“双关语”（Punning），获得了在支持直接的元建模同时避免产生不可判定性问题的重要突破。

所谓双关语，是指在 OWL2 中名称被赋予了上下文语义，标记名称每次出现的明确含义和解释。因此，同一名称可以指称任何类型的对象，但却可以始终保持一致的指称含义，从而使 OWL2 具备了元建模的能力。这里需要特别指出的是，为了能够与 RDF 和 OWL Full 进行语义交互，在具体的数据属性和抽象的对象属性之间不允许使用双关语。

2. 本体元数据

RDF 语言设计的初衷，在很大程度上是为万维网应用系统或数据库提供元数据表示或元模型建模的手段。但在 RDF 相交 OWL1 的演进过程中，对 OWL1 语言的关注主要集中于网络环境下的知识表示问题。以致在 OWL1 中，并没有明确地、系统性地用于本体的描述（本体元数据）的原语。仅仅可以通过 rdfs：label 和 rdfs：comment 这两个属性为类、个体和属性提供有意义的名称或附加描述。但随着 OWL1 应用的推广，人们越来越意识到对知识的表示和对知识的表述（本体元数据）是两个不同本质但同样重要的问题。但是在 OWL2 中，对本体元数据的原语支持进行了更加全面化和系统化的改进。

在 OWL2 中，定义了一个新的 owl:Annotation 类。owl:Annotation 类是一种特殊的、不具有描述逻辑语义的 rdf：Property 子类，rdfs：label 属性和 rdfs：comment 属性都被归类为 owl:Annotation 类下的属性。同时，允许用户可以自由地定义 owl:Annotation 类下的其他附加注释属性。在描述逻辑中，对 owl:Annotation 类下属性的使用场景有着严格的限制。注释性的属性既不能在被限制的类中使用，也不能用于在类的限制公理本身使用。

此外，虽然在描述逻辑下注释性属性没有语义含义，但在 OWL2 DL 中通过综合使用 rdfs：subPropertyOf、rdf：type、rdfs：domain 等属性，可以构造层级化的本体元数据体系，进而实现对 OWL2 DL 本体的富标注。例如，可实现对概率性本体的类之间的概率关系进行公理化描述。

3. 本体管理

在 OWL2 中，本体是一个通过公理集合所描述的结构化抽象概念，而这种抽象本体的物理载体是基于某种语法格式的本体文件。抽象的本体和物理的本体文件都通过唯一的 IRI 进行访问，并且两者之间可以互相转化。对于一个具体的本体而言，可以通过 owl:Ontology 中的 ontologyIRI 属性进行解析访问，而对于具有相同本体 IRI 的不同版本的本体系列，每个不同版本的本体可以进一步通过 owl:Ontology 中的 versionIRI 属性进行解析访问。

在本体 IRI（或本体版本 IRI）基础上，OWL2 进一步完善了使用 owl：import 属性进行本体嵌套导入的机制。在 OWL1 中，owl:import 属性的 rdfs：domain 和 rdfs：range 属性被简单地定义为都是 owl:Ontology，也就是说，owl:import 的主语对象和宾语对象都是 owl:Ontology 类的个体。但是，由于缺乏标准化的在万维网中标识本体的方法，因此也没有定义相应本体迁移的机制。但是，由于 owl:import 属性可以实现在分布式的网络环境下对不同本体所描述的结构知识的复用，极大地简化了本体编辑的复杂性，因此在具体的本体工程实践中，owl:import 属性得到了广泛的使用。在 OWL2 中，由于定义了本体的 IRI（本体版本 IRI）以及本体文件的 IRI，因此 owl:import 属性所表达的本体迁移机制被明确地定义为对被导入的本体的物理文件 IRI 的反指称访问，并在转化为抽象本体后对本体进行 IRI 解析实现。对于一个本体$\mathcal{O}$而言，其导入闭包（Import Closure）是一个包括$\mathcal{O}$本身和其导入的本体组成的最小集集合。而本体$\mathcal{O}$的公理闭包（Axiom Closure）是其导入闭包中每个本体中的全部公理所组成的集合。如果本体$\mathcal{O}$被另外一个本体$\mathcal{O}'$所导入，则$\mathcal{O}$的导入闭包成为$\mathcal{O}'$导入闭包的子集。

4. 模块化语法子集

由于 OWL2 语言是一种非常具有表达能力的语言，因此无论在推理计算上还是和用户使用上都很难很好地实现和使用。在 OWL1 中，通过三个具有不同语义表达能力的子语言（Full、DL、Lite）对具有不同任务目的和要求的知识进行建模。但这种相对简单刻板的语言子集划分方法，并不符合不同本体建模任务具有不同表达能力与计算效率折中偏好的实际情况。基于大多数本体只有使用 OWL DL 语言中某一子集的工程经验，OWL2 在定义了 OWL2 DL 和 OWL2 Full 的基础上，借用了描述逻辑中的“配置”（Profile）概念，将具有不同语义表达能力的，但至少在多项式时间内可进行逻辑推理的语法子集定义为可通过标准库的方式调用的“配置”。在 OWL2 中，可以定义多种不同的配置，不同的配置主要通过语法限制进行区别，其语义则由 OWL2 DL 规范定义。根据知识表示语言的语义表达能力与推理计算效率之间的反比关系，不同的配置由于在不同程度上弱化了语义表达能力，因此可相应地提高模型的推理计算效率。

在 W3C OWL2 规范中，定义了三种已有巨大用户基础的配置：OWL2 EL、OWL2 QL 和 OWL2 RL。下面，我们将分别简要介绍这三种配置的主要特点和应用场景：

- OWL2 EL。OWL2 EL 配置名称中的“EL”代表这种配置的语义是基于$\mathcal{EL}$描述逻辑的扩展（$\mathcal{EL}$++）。OWL2 EL 配置的用法与 OWL2 DL 非常相似，即在 rdfs：subClassOf 属性的两边均可使用类公理。因此，OWL2 EL 配置的主要特点是对大规模术语箱的本体，以及具有存在性限制和复杂属性包含类公理的本体具有多项式时间推理的能力。在 OWL2 EL 配置中，不允许出现否定（Negation）和析取（Disjunction），也不允许对属性进行全局量化。此外，任何类型的角色反属性也是不允许出现的。

OWL2 EL 配置具有比 OWL1 Lite 更强的语义表达能力，它主要被应用于表达大型的生物医学本体，如 SNOMED-CT、NCI thesaurus 和 Galen 等。当然，除了生物医疗领域外，OWL2 EL 配置适用于任何需要表达结构复杂的对象的领域，如大型系统配置、大规模产品目录和许多科学研究领域。

• OWL2 QL。OWL2 QL 配置主要针对大规模断言箱本体的查询应答问题而提出，该配置名称中的“QL”代表这种配置的查询应答可以通过将查询重写为标准的关系查询语言（DL-Lite）来实现。DL-Lite 本身是 OWL1 DL 和 OWL2 DL 的子集，但 OWL2 QL 配置在 DL-Lite 的基础上增加了更多的语法构造，因此更具表达能力。在 OWL2 QL 配置中，允许存在属性包含公理、函数属性、逆函数属性，以及层级化属性等；但是，不允许对公理进行非对称表达、类公理描述中对属性的存在性量化、属性链公理和属性等价等。OWL2 QL 配置的主要特点是可对大规模断言箱的本体进行高效推理计算。

OWL 2 QL 配置可以通过基于标准关系数据库技术（如 SQL）进行类公理扩展的查询实现，因而可以与传统的关系型数据库系统紧密集成，并得益于其实现方式和多用户等特性。在表达能力上，OWL2 QL 配置可以表示关系型数据库“实体关系”概念模型和 UML 图模型的功能性特性。因此，它既适用于高级数据库模式语言表示数据库模式（Database Schema），也适用于通过查询重写来进行数据库集成。此外，由于 OWL2 QL 配置可以实现开发与数据分离，因而还可以作为解释层或预处理层使用。

• OWL2 RL。OWL2 RL 配置名称中的“RL”代表该配置中的推理算法可以使用标准的规则语言 DLP（Description Logic Programs）实现。DLP 本身是描述逻辑和一阶逻辑 Horn 配置的交警。由于 Horn 配置同时是一种标准的规则语言，因此 DLP 实现了描述逻辑与规则之间的交互。这为描述逻辑与规则之间的交换提供了一种有效的手段，允许知识工程师在本体之上构建规则，或者在规则之上构建本体。并且，DLP 公理可以在语法上转换为标准的 Horn 规则。但需要指出的是，DLP 公理与 Horn 规则在语义上并不兼容，因为描述逻辑的推理采用开放世界假设，只允许单调型推理；而 Horn 规则语言采用封闭世界假设，并允许非单调性推理。在 OWL2 RL 配置中，不允许对公理进行非对称表达，也不允许某个个体的存在强制其他个体一同存在。

OWL2 RL 配置的主要应用目标是需要可伸缩推理而不牺牲太多表达能力的应用程序。因此，它既可能用于可以通过牺牲语言的完整表达能力换取效率的情况，又可用于为 RDF（S）程序增加表达能力的场景。虽然，OWL2 RL 配置是 OWL2 DL 的一个语法子集，但它的部分语义是由一组扩展了该配置的有效 RDF 图的模型解释的规则提供的。因此对 OWL2 RL 配置的 OWL Full（或 RDFS）模型解释还须执行这些规则进行扩展以确保推理的可靠性。例如，Oracle 开发的 OWL2 RL 配置的 OWL Full 推理机制可以比 DL 推理机制更具对海量记录关系型数据库的高效推理能力。与 OWL2 QL 配置相比，OWL2 RL 配置更适于具有 RDF 模型的数据结构，并且其本身亦被作为 RDF 的情况。

第四章 知识本体工程方法

一、知识本体开发过程

多年来，为了提高本体开发的质量，本体工程领域引入了一系列的开发设计原则。本体开发通常都不是从零开始的，大量现存可用的本体为开发新的本体打开了便捷之门。这些基础本体为新的本体提供了初始架构和一组基本概念及关系，因此成为更加高效、规范的本体开发的有益基点。同时，本体不仅是单纯的术语知识库，而且具有特定的概念定义视角。例如，如果采用明斯基的框架观点定义本体，则本体需要能区分概念的内在固有属性和偶然属性。举例而言，尽管从知识工程的角度来说，“位置”这个属性是有意义的，但是从本体的角度来说则不然，改变一个物体的位置，并不会让其固有属性变化。这种术语知识表示在认识论上的混乱导致了若干设计原则的形成。

大多数的知识工程方法论都借鉴了早期在知识获取中获得的经验。例如，在 Schreiber 等（2000）提出的 CommonKADS 知识工程方法、Uschold 和 King（2000）提出的知识工程方法，以及 Fernández 等（1997）提出的知识工程方法论中，都无一例外地采用了典型的知识获取方法，其目的是最大限度地扩大领域知识的覆盖范围。在本体构建的过程中，使用专家访谈、头脑风暴和文本分析来共同收集尽可能多的与领域相关的信息；然后，将这些信息作为实际本体构建的资源材料。

同时，人们也在计算机科学相关的工程领域寻找本体工程方法的启发。Fernández 等（1997）提出了 Methontolog 方法；Fernández-López 和 Gómez-Pérez（2002）借鉴了软件工程方法论。值得指出的是，Fernández-López 和 Gómez-Pérez 将本体工程视为一个软件开发过程，并引入了本体开发生命周期的概念。他们的理论强调的是对已经存在的本体的持续重构，而不是从头构建本体。

作为知识共享的一种方法，本体最重要的使用场景是可以在系统和团体之间共享知识和重用知识。因此，人们普遍认为本体的规模应该较为庞大，并且由许多不同的人合作共同构建。由于本体的目的是使某一领域的知识可共用，本体开发过程非常类似于标准化的过程。从这个角度，本体的明确规范在于就术语含义达成一致，因此本体开发的本质是一种社会活动。

但是，回顾目前为止我们所了解的那些广泛使用的本体，这种期望只是部分实现了。首先，本体在所涉及的标准化规模上有很大的不同。一方面，我们可以区分作为大规模标准化的结果的本体；另一方面，当前可用的大多数本体规模相对较小，或者是少数人的学术活动的结果。其次，大型团体使用和开发的形式本体似乎只存在于科学领域。其中，最明显的例子就是前文提到的生命科学领域，如人类与兽类医学系统术语本体（SNOMED）、基因本体等。这一现象的原因在于本体是与原语密切相关的，通过将实体分割为更小的语义部分来识别实体。门捷列夫（Mendeleev）的《化学元素周期表》和林奈的《物种分类学》都是最早的本体论，它们的发展是为了实现或促进科学理论的表达。

在现实中，通常很难找到一个由大型社区共同开发的大规模本体。一些通用本体，比如基础形式化本体（BFO）、语言学和认知工程的描述本体（DOLCE）、Sowa 的顶层本体，以及描述法律基本概念的 LKIF 核心本体等，虽然都具有形式化的结构，但都只是由少量的人所开发构建的。IEEE 标准化顶层本体（SUO）可能是唯一的由大型团体共同开发的大规模本体。构建该本体的目的是对工程和物理等领域的一般性概念进行形式化描述。但是，在本体的实际开发过程中，当工作组无法通过邮件解决若干讨论热点时，该本体的开发工作随之停滞下来。这场争论的焦点是由 Niles 和 Pease 提出的一个标准化的顶层合并本体（SUMO）建议，以将几个现有的提案纳入同一个架构中。但是，这一体案并没有作为正式标准被采纳，只是作为建议参考标准由少数几个人重新进行了编制。

无独有偶，在网络上广泛使用的一些最流行的标准化术语字典也是如此发展而来的。例如，FOAF、Dublin Core 和 RSS 等一些作用域有限、语义也相对轻量级的术语字典最初也是由一小群人创造的，它们作为标准的发展是被大量用户采用之后才开始的。正是在此之后，Dublin Core 的修订版开发成了一项团体性的工作：由已经在该语言上获得了既得利益的相关方合作开发。但其结果是，就像极其严格且覆盖广泛的 SUO 本体开发过程一样，Dublin Core 的修订版开发变得极其缓慢和复杂。

综上所述，在本体开发过程中，强调标准化并没有达到预期的结果。诚然，目前有几种本体被用作标准词汇表，但它们不是通过标准化过程发展而来的，而是被标准采用或反映了一个已经存在的标准。作为社会活动的本体工程是否对生成的本体质量有任何有益的影响仍然不甚了了。基于共识的本体是更好的本体吗？经验表明，实际情况可能未必如此，因为让各方就本体的作用达成一致都十分困难。如果本体仅仅是为了促进应用程序之间的知识交换，其结果将是这个原则会妨碍本体开发的质量：为了达成共识，人们必须对概念的定义进行调整。这也是最终阻止 WUO 本体开发进一步开发的主要原因，追求本体的绝对一致性被很多人认为是不可接受的理论根据。

此外，在作为社会活动的标准化本体构建中，标准编制的各方并没有处于一个公平的竞争环境。这是因为术语的形式化定义通常是一项非常具有技术性的工作，这意味着不是每个相关方都能完全参与标准的编制过程。当面对一个领域专家，以及错综复杂的全局定义域限制、值域限制以及类的存在性限制之间的相互作用时，大部分人都难以参与讨论。此外，本体开发还受到其他方面的限制，形式表示语言通常会对可以执行的操作进行限制，其中最普遍的限制是语义一致性限制。在很长一段时间内，人们认为本体工程需要在知识层面上定义本体，而不是直接在形式化表示中定义本体。大多数本体工程方法都秉持这种观点，没有真正关注形式语言的偏见性，但是却必须要考虑分类构建中顺序依赖的影响。

二、设计指标和开发方法

20 世纪 90 年代中期几次大规模本体开发经验所形成的一个广泛共识是本体工程开发亟须方法论基础。其中，最有影响力的是 TOVE 本体和企业本体在开发过程中所凝练总结的设计经验和据此凝练的设计准则。TOVE 本体和企业本体都是用于描述企业生产管理过程的规范和知识的共享。

（一）本体设计指标

在全面总结本体工程开发各方面经验的基础上，Gruber 提出五项本体设计指标为：

（1）清晰性（Clarity）：本体应该有效地传达已定义术语的原本含义。定义应该以客观的形式化语言表达，并且应该用自然语言加以说明。

（2）一致性（Coherence）：本体应当支持与其定义一致的逻辑推理。

（3）可扩展性（Extensibility）：本体应采用结构化设计，以利于本体进行单调性扩展。也就是说，本体应该能够支持在已有定义的概念基础上，定义新的概念术语，并无须修改已有的概念定义。

（4）最小编码偏见（Minimal Encoding Bias）：本体概念化过程应位于知识层，而不依赖于特定的符号编码。也就是说，概念的定义和描述不应该仅仅考虑表示或实现上的便利。

（5）最小本体承诺（Minimal Ontological Commitment）：本体应当将承诺降到最小，只需要支持预期知识共享目标即可。

在使用上述指标时，要权衡考虑，而不能只关注某一项特定的指标。例如，考虑本体的清晰性和一致性要求时，应采用形式化进行本体定义，但为了满足最小编码偏见指标的要求，这种形式化定义不能过于重量级。随着语义网和 OWL 语言的广泛使用，编码偏见在某种程度上可认为已经固定不变。虽然 OWL 语言是本体的特定符号编码，但其目的是最大化满足清晰性和一致性要求。同时，基于 OWL 语言的开放世界假设和导入机制，可以保证本体的可扩展性。此外，由于 OWL 语言是事实上的网络本体共享标准，因此 OWL 的本体承诺更多的是促进而非阻碍知识共享。但是，因为 OWL 语言在概念化上保留了很大的自由空间，所以当使用 OWL 语言的内置约束语句时，上述设计指标无法自动验证是否达到要求。

（二）本体开发方法

将 TOVE 本体和企业本体的开发经验结合，形成了著名的指导本体开发的“骨架法”，该方法同时包含了上述 Gruber 所提出的本体设计指标。需要指出的是，骨架法并不是对本体开发步骤的精确性指导，而是针对每一开发阶段的主要特征进行解释说明。

在本体开发的第一阶段，开发者首先应该提出一套清晰的指导准则，将本体开发过程作为一个整体来指导。这些准则可以是相对直接明了的协议（如命名规范），也可以是 Gruber 所提出的设计标准，甚至可以是形式化编辑投票规程。形式化编辑投票规程的一个代表性例子是集成了生物医学领域多个本体的生物医学本体（OBO）开发，对本体的任何改变都需要通过编辑委员会的投票过程，而且，本体之间可能存在的冲突问题需通过仲裁方式解决。Uschold 和 Grüninger 强调在本体开发过程中需要制定文档开发准则。因为在本体开发过程中决策思路常常被错误理解，甚至遗忘，在开发初期建立记录决策思路的文档，有利于解决这一类问题。

在第二阶段，需要确定本体的目的和范围。清楚地了解本体的开发动机、潜在用途和用户，有利于后续阶段的本体设计决策。Grüninger 和 Fox（1995）主张对激发场景进行描述，即解释本体的潜在用途，并通过这些激发场景制定一组能力问题，这些问题应该满足用本体给定的术语可回答的条件。本体的开发目的不应与知识系统开发的任务依赖性相混淆。原则上说，本体并不支持其内容的某种特定用途，本体的设计是为了在整体上满足某个目的，即如何使用本体与其他知识组件有关。本体使用的范围是其在某个领域内最大可能覆盖的范围，也就是说，通过公理可以推导出所有知识的结合。

本体开发的下一个阶段，由“捕获”“编码”和“集成”三个密切相关的任务之间的相互作用形成。捕获即确定本体的关键概念和关系，并生成自然语言描述的精确定义，最重要的是选择合适的术语来代指这些本体元素。实际上对于那些不熟悉该种本体的人来说，自然语言定义是他们学习的主要文档来源。Ontolingua 或 Protégé 等主流的本体编辑器（浏览器）都支持在同一视图中呈现本体的公理集合和标注。

一旦确定了主要的概念和关系，就要用某种语言来表示它们。因此本体编码自然就涉及对特定知识的形式化表示的承诺。因为这种承诺的形式化程度直接影响到本体工程师所需要付出的努力，因此对知识本体的表示语言需要慎重地选择。选择本体表示语言涉及两个重要的承诺：一是语言的原语和语义显性表达“世界存在”结构的直接本体承诺；二是对概念更形式化的定义意味着对特定解释的更强承诺。

本体语言的最优形式化程度取决于本体的目的。如果一个本体要用于逻辑推理，那么它需要选择比哲学中的形式化本体的限制性更强的形式化语言。同样，轻量级资源标注的知识管理本体仅用于信息检索，较少关注逻辑推理的结果，但要求机器可解释性。对于仅需要表示特定领域共识术语集合的本体，开发者甚至可以会完全跳过形式化编码环节，而只使用自然语言进行定义的描述就足够了。例如，在诸如都柏林核心元数据集、FOAF 和 RSS 等术语本体中，对类似“作者”“朋友”或“新闻”等概念的确切含义进行准确、简洁、严格的形式化定义并不是很有意义。另外，对于需要自动将蛋白质根据不同功能进行分类的 OBO 本体而言，需要采用特定的形式化语言，以支持与标准化的推理机制相结合。

本体开发第二阶段的另一项任务是对已有本体进行集成，以实现知识复用。这一步看似简单，但实际上有很苛刻的要求。首先，需要对被导入的本体有很透彻的理解。这是因为另一个本体的导入会对最小本体承诺这一准则造成影响，它可能会显著地扩展本体论的规模。仅仅是其他一些本体包含了某个在范围内概念的适当定义的事实，往往不足以成为包含它的理由。在集成其他本体之前，要考虑被导入的本体中的其他概念是否在当前本体的设计范围内、被导入的本体的假设是什么、是否支持当前本体的设计目的等一系列问题。其次，如果被导入本体是形式化的，那么它至少应该符合当前本体编码任务中所选的形式化表示语言。需要指出的是，捕获、编码和集成这三个任务之间并不是依次执行的，例如，对特定形式化语言的选择在一定程度上取决于其他本体的可用性。

本体开发的最后阶段是基于先前确定的需求对本体进行评价。如果本体采用形式化语言进行定义，则可以使用该语言重新编写能力问题，以检查本体的合规性和覆盖范围。如果评价结果显示与最初的需求偏差明显，则应仔细审视问题出现的原因。

三、基本性概念的定义

开发本体，先要对其目的和范围有一个大致的想法。但是，将这个想法转换为一组具体的概念定义并不简单。这个过程具有次序性，主要包括自上而下和自下而上两种不同的方法，但这两种方法都会带来一定的偏差。所谓自上而下的方法，是指从一组常见的术语开始，就像传统的形而上学将抽象的概念逐渐具体化。这一过程会产生不确定性的风险，因为更具体的概念可能不符合一般性的抽象概念，并给顶层概念带来几乎无尽的修正。另外，简单的自下而上的方法可能会在本体开发初期定义许多无意义的细节性概念，或者在开发后期导致不兼容性的概念。

因此，Hayes 在开发大规模简单物理知识库时提出了一种全新的方法。

与传统的自上而下或自下而上的方法所不同，Hayes 方法将紧密相关的概念构成相对独立的簇群。这种方法使本体开发摆脱了通常作为本体主体架构的严格分类体系的束缚。通过以簇群的形式管理本体开发中涉及的概念，使本体开发中常见的相互竞争性的需求变得更加容易满足。概念簇可以在本体开发的不同阶段集成，或者在不同的组合中使用，从而比传统的本体具有更多的灵活性。Schold 和 King 采纳并改进了 Hayes 的概念聚类思想，提出了从一组相对基本的概念开始，分别向上（抽象）和向下（具体）进行扩展的“中间向外”方法。这些基本性概念被分为多个类别，它们可扩展为更抽象或更具体的术语。

Schold 和 King 的基本性概念遵循了 Lakoff 的人类认知分类理论。该理论认为，某些概念不仅能被认知所理解，而且这种理解是先验的，能够作为正常认知功能被自动地、无意识地使用。这种基本性概念相比那些可被有意识地思考的概念具有不同但更重要的心理状态。基本性概念对于知识管理、认知和语言表达等各方面都具有功能上和认识上的基础性作用。这种基础性作用体现在人们通常基于基本性概念所形成的分类体系构建更复杂具体的概念类目，或更抽象的泛化概念类目，这种扩展是通过对比基本性类目与上级或下级概念类目语义元素异同的方式进行的。换言之，这种概念类目的组织方式使具有认知基础性的概念类目位于类目体系的中间层。从基本概念向上发展可从基本概念扩展为更具一般性的抽象概念。例如，猎犬是一种为猎人猎食而饲养的狗。在这个例子中，基本概念（狗）表明了一个特定概念（猎犬）的最显著的特征；从基本概念向下发展可从基本概念扩展为更具专业性的具体概念，例如，动物是狗、猫、老鼠、鸟等，在这个例子中，基本概念用作更一般概念定义中的原型举例。语言学研究从另一个角度证明了这个理论：大约 90%的英语可以用另外 10%（大约 840 个）的单词所定义或描述。

Lakoff 认知分类理论的基本性概念提供了一种直观的构造块，以推导和聚类更复杂的概念。这种基本性的概念是本体的认知基础，并在本体术语集合中占据了很大的比例。然而，基本概念的原始性、先验性的本质意味着定义基本概念是一个非平凡的问题。例如，人们所熟悉的“狗”“锤子”“父亲”等概念就是典型的基本性概念。但人们对这些基本性概念的定义基本上是不明确的，也很难将这些概念分解为更细粒度的语义单元。举例而言，在维基百科上对“狗”的定义是：“狗是一种有四条腿和吠声的动物。动物有狗、猫、老鼠、鸟……腿是用来走路的东西。吠声就是狗叫声。”而对“父亲”的定义则是：“子女的男性父母。父母是父亲或母亲；生儿育女的人。”这些例子表明，一个概念越基本，则越难用其他概念来描述它。

通常，基本性概念的定义往往是自指的，因此会形成一个重言式陷阱。但是，在诸如 OWL 等知识表示语言中，概念的定义只能“表示为与其他概念的关系或限制”。这意味着一个概念只能借由其上下文所定义。因此，即使是基本性的概念也只能用这种方式来定义。换言之，这些基本性的概念要么用其他基本概念来定义，要么只能用更一般或更具体的概念来定义。传统的自上向下或自下而上方法的主要问题是对通用或特定概念的扩展引入了偏差，这种偏差会导致本体与预期的需求之间不匹配。但实际上，“中间向外法”并没有彻底解决这个问题，只在一定程度上减弱了问题的严重程度。由于基本性概念只能通过上下文中的其他概念来定义，因此也会导致类似的偏差。不过，由于基本概念的认知原始性，其上下文语境在很大程度上是隐性的，因此这种偏差通常不为人们所意识到。

总而言之，中间向外方法所建议的优先定义基本概念的做法是不可行的。恰恰相反，由于基本概念都是具有上下文关联性的，因此是理想的将一个领域的概念集合分割成相对独立的簇群的锚词，并在定义非基本性的概念时可以起到重要作用。因此，Lakoff 理论中的基本概念应该被视为 Schank 和 Abelson 的脚本与 Minsky 框架的核心，它们是独立的、原子性的实体，本身不携带任何含义，只是相关概念含义的提供者。这些基本性概念的自身含义只能通过在定义其他概念时体现出来。可以大胆地假设，Schold 和 King 的聚类思想或将是本体工程方法论的发展方向。这种方法不会提出诸多形而上的空洞建议，形成一系列可能永远没有人读的冗长文档。

在本体工程中，有一句俗语：“本体工程与其说是科学或工程，不如说是艺术或工艺。”尽管这种说法经常被引用，但却很少有人去思考其含义。它所暗示的是，在本体开发的过程中，只有经验丰富的工程师才具有那种难以名状的将某些知识转化为适当表示的认知技能。Uschold 和 King 基于 Lakoff 的认知分类理论所提出的聚类方法正是一次有意义的尝试，试图从认知科学的角度来揭示这一神秘过程。Uschold 和 King 的聚类方法由于没有了自上而下或自下而上的束缚，基本性的概念有助于簇群的形成和非基础概念的定义。然而，在实践中，从基本概念“向上”或“向下”进行本体概念的扩展定义目前仍然没有完备的方法，仍然只能依靠经验丰富的工程师的那种难以名状的认知技能。

四、本体的集成与复用

本体的作用在于可以将现有的理论或专家知识准确地表达出来，例如，生物医学领域大量的知识本体。同样，本体也可以用来表示那些易于被人们理解的常识性知识。但是，本体开发是十分困难的任务，其难点在于把用自然语言承载的人类知识准确地转化成一套形式化的公理。

如前所述，本体的主要作用之一是提供易于使用的概念和定义，以简化知识获取的难度。同样的原理也适用于本体开发本身，现有的本体可以以预定义的概念和关系的形式成为本体构建的可验证资源。这些预定义的概念和关系本身就蕴含了重要的本体承诺选择。当这些选择与我们的需求相一致时，复用并扩展现有的本体，可以有效地减轻人们开发本体的负担。如果预先没有一组基本的概念，本体几乎不可能被凭空开发出来。在本体开发中，一种行之有效本体开发方法就是依赖已有的一般性本体提供初始概念体系，以支持更细粒度或更专业的知识获取，从而有效解决空白板式本体开发的概念体系架构问题。

Klein 对基于现有本体进行本体开发的相关问题进行了系统的阐述，并讨论了本体集成与复用的区别。本体集成是指两个或多个本体合并为一个新本体；而本体复用则是在一个本体中适用另外本体的一部分内容，但本体之间仍然保持分离。而这两种方法都要求不同的本体之间要对齐，也就是语义上紧密的概念和关系应该通过等价和包容关系相连接。Klein 强调将多个已经存在的本体进行本体集成时，可能对所涉及的本体进行重大的修订，以防本体之间的概念重叠。事实上，不仅在进行本体集成时应防止本体重叠，在本体复用时，也经常发生修改源本体以作为全新本体基础的情况。为此，Pinto 和 Martins（2000）提出对可重用的候选本体进行彻底的评估，并将基于此评估所进行的本体修改视为本体开发中的一部分。在进行本体复用时，如果本体的组合导致产生新的异构本体，则新本体在语言层面或语义层面上可能存在不匹配。如果出现这种情况，则必须要对新的本体进行较大的修改。语言层面的不匹配是指概念和关系定义方面的不相容，语义层面的不匹配则表示领域本体的假设存在差异。

语言层面的不匹配通常不仅体现在语法上，例如，KRSS Lisp 风格的语法与 OWL 的 RDF/XML 语法是不兼容的。语言层面的不匹配还可体现为不同语言的表达能力是不同的。

知识表示语言的选择需要在所语言的表达性和可处理性之间进行权衡。因此，对不同的知识表示语言，如果要确保两种语言的一致性，则涉及一个语言的表达能力需要与另一个语言的表达能力对齐。但是问题在于，当一个表达能力较强的语言表示为表达能力较弱的语言时，会导致语义信息的丢失。反之，将一种语义较弱的语言表示为表达较强的语言时不会出现语义信息丢失的问题，但是需要映射和重写许多知识表示语言。不同的语言在表达能力方面经常有互补之处，例如，一种语言可能在某一个方面更具表达能力，但受到限定基数的约束，而另一种语言可能虽然表达能力较弱，但却允许属性链包含公理的存在。

语义不匹配的问题更加重要，甚至可以认为是本体对齐的主要原因。例如，如果两个本体在覆盖范围和粒度上均有所不同，那么这两个本体结合时首先要将本体的覆盖范围和粒度都相应对齐；本体在观察世界的角度上可能也会有所不同，例如，将时间作为一个单独的维度，从 4D 的视角建模，或者将 3D 的对象看作时序过程中的不变体；选择建模的范式和惯例方面也可能不同，例如，基于区间或点值的形式来表示时间或者将属性值表示为常量或数据类型值。在进行本体集成或复用时，使用（半）自动的本体合并和对齐的技术可提高本体匹配问题解决的效率。

虽然当开发一个新的本体时，复用一个现有本体比集成一个本体更为简单，上述本体之间的不匹配问题仍然使我们应该审慎地选择合适的复用候选本体。在选择合适的候选本体时，除了要考虑本体的整体质量，还应考虑以下四个主要因素：本体的领域知识覆盖度、知识的抽象粒度级别、知识表示语言和形式化表示程度。

在进行本体复用时，被引用本体中的概念通过链接在新的本体中实现复用，也就是说，新本体中的公理是基于已有本体中定义的术语来表达的。如果被复用本体具有充分的领域知识覆盖度，那么在新本体中所有的公理定义都可以以这种方式进行表达。当被复用本体的领域覆盖范围不够充分时，通常有两种主要的解决方法：一是在更高的抽象级别定义新的概念，二是引入可以提供必要定义的其他本体。不过，这两种解决方法都有不足之处。如果在更抽象的层次扩展定义新的概念，则违反了知识分层的原则，不同抽象层次的概念应该是分层复用的，否则会导致著名的交互问题。因此，在本体中定义更高程度的抽象概念时，必须对被复用本体中已有的概念补充相应的更高抽象程度的定义。从当前本体复用的角度来看，这种方法是毫无问题的，但是，它会破坏被重用本体与其他本体复用的兼容性。对于引入其他可以提供必要定义的本体解决方法，同样必须首先将新引入的本体与当前本体对齐，在此基础上这种方法才具有可行性。

为最大化本体的领域知识覆盖度，一种典型方式是提升被复用本体的抽象程度。因此，似乎高度抽象的通用本体是本体复用的最理想的候选对象。但是，提升被复用本体的抽象程度会放大复用本体与被复用本体之间概念定义的鸿沟。复用一个高度抽象的本体意味着被复用本体几乎无法为新定义的概念提供有意义的参考结构，因此，会导致额外的工作来弥补这一问题。

如果本体通过一种合适的知识表示语言进行描述，那么通过这种语言所表达的属性继承性和其他隐式知识不但能够用来检查本体的一致性，还可以检查本体额外的逻辑扩展质量，也就是说，通过逻辑演绎推断出的新的类和属性是否合理。此外，需要指出的是，本体所采用的表示语言的形式化程度对本体本身的形式化程度的影响是很有限的。例如，如果使用OWL2 DL语言表示本体时仅使用了命名类和子类公理，那么实际上相当于使用了描述逻辑的$\mathcal{AL}$片段。但是，使用同样的语言表示本体，如果采用了该语言中更具有表达能力的某些特性，那么其语义表达能力或许等价于具有更强表达能力的描述逻辑$\mathcal{SROIQ}^{(\mathcal{D})}$片段。本体所选择的表示语言通常意味着它的推理兼容性，也就是被复用本体中定义的概念通过逻辑演绎推理出新的概念的能力。不过，虽然更高程度的形式化语言意味着更强的推理能力，也意味着更强的可用性，但其覆盖范围也同样受到了限制。采用高程度形式语言的本体仅能覆盖那些与其蕴涵相兼容的领域。

（一）本体的可复用性

本体复用问题受到学界的很大关注，van Heijst 等（1997）根据本体的抽象程度定义了五种不同类型的本体。这种本体分类方法的作用在于提供了一种层次化的本体复用指导，不仅有利于本体的复用，还体现了知识系统之间的兼容性，其认知基础是本体的可复用性与本体的领域依赖程度相关。

在这五种类型的本体中，顶层本体（Top Ontology）定义了与所有领域均相关的高度泛化的类别和关系；通用本体（Generic Ontologies）定义了可适用于多领域的通用概念，比如时间、空间、因果关系等；核心本体（Core Ontology）是使用于某个具体领域（如法律、医药生物等）的一般性本体，定义了描述领域中实体所需的最小概念集，如林奈的物种分类法；应用本体（Application Ontology）是捕获单一应用程序本体承诺的本体。此外，还有一类定义在元级别概念上的本体，称为表示本体（Representation Ontology），如框架本体（Frame Ontology）。

这些不同类型本体之间的差异是在对本体库中的本体以模块化的方式和严格分离的抽象层次在本体库中组织的理论。举例来说，核心本体旨在为本体库所存储的本体提供更好的索引方法。类似地，应用本体是知识系统开发方法 Common KADS 中的必选步骤：领域本体先被精练为特定于应用的本体，进而实现为基于知识的信息系统。虽然类似的模块化组织方式在 Ontolingua 和 OBO Foundry 项目中都有所体现，但这种本体分类的标准毕竟是人为创造的。在实际应用中，很少有本体能够完全符合某一种具体的类别。当代的本体分类在上述分类的基础上，进一步凝练为四个类型：统一本体（Unified Ontologies）、基础本体（Foundational Ontologies）、核心本体和领域本体。每一种本体在领域知识覆盖度、抽象程度和形式化程度等方面都有不同程度的偏重。

1. 统一本体

统一本体论旨在提出一个“大统一理论”，它包括了覆盖广泛领域的高度抽象概念和具体概念。最典型的统一本体是 SENSUS 本体，该本体覆盖范围非常广范，包含了来自各种不同领域的大量抽象的和相对具体的概念。开发 SENSUS 本体的目的是为其他各种本体的开发提供一个平台，其他本体的开发者可以通过选择和提炼 SENSUS 本体中的相关组建来构建自己的本体。当时，人们认为这种方式可以避免所谓的“垂直本体”问题，即本体只能在特定领域自上而下地扩展，而无法进行跨领域的知识扩展。

由于形式化的定义虽然增强了概念的可解释性，但却也限制了可用性。因此，知识管理本体的开发通常采用相对轻量级的形式化语言以最大化其覆盖范围。SENSUS 本体中的一部分按照这种方法逐渐发展成了著名的为其他本体进行概念填充的 Wordnet 知识库。但是实践表明，SENSUS 虽然可以作为其他更具体的本体的灵感来源而具有一定的实用性，但是由于它既不能进行特定的逻辑推理，也不能保证不同扩展之间的一致性，因此无法实现其作为其他本体开发的大一统基础平台的预期目标。统一本体的另一个典型例子是 CYC 知识库。与 SENSUS 本体相反，CYC 本体使用一种更具表达能力的形式化语言进行定义。但是，由于统一本体所内在的高覆盖度，导致了 CYC 本体的计算开销十分显著。因此，实践证明了统一本体并不适于本体的直接复用。

2. 基础本体

基础本体称为上层本体，是将顶层本体与表示本体的描述层结合起来形成的混合本体，它们通常具有内在的哲学含义，关注“存在”的基本范畴。典型的基础本体包括 SUO/SUMO 本体、DOLCE 本体、BFO 本体等。基础本体的作用类似于统一本体，因为它旨在覆盖广泛的领域。但是，与统一本体不同的是，基础本体具有哲学形式本体理论根源。甚至可以认为，大多数的哲学形式本体都是基础本体。

基础本体的理论基点是通过“抽象”提供本体复用的实用性，也就是说，通过定义更具一般性的抽象概念，而不是大量的相对独特的具体概念来保证基础本体对多领域复用的适配。尽管基础本体为本体复用提供了一种严谨的本体定义和高覆盖度的手段，但也有其不可忽视的问题。首先，基础本体的抽象性质使其不适合在具体的领域本体开发中提供知识获取的支持。例如，专门的宠物本体开发几乎无法使 BFO 中的 Fiat Object Part 类和 Generally Dependent Continuant 类获益，因为这两个基础本体中的概念来自哲学启发，与具体的领域概念的差距非常大。另一个相关的问题是对基础本体中顶层类别的推理可能无法适用于实际问题，因为推理可能会扩散到抽象类别上。此外，基础本体的哲学倾向使其通常以一阶逻辑的形式被定义，是本体中定义元级的类别。尽管也存在与 OWL 兼容的基础本体版本，但由于 OWL 语言的表达能力与一阶逻辑相比相对有限，因此并不完全遵循原本的本体承诺。

3. 核心主体和领域本体

核心本体论通过将范围限制在特定的专业领域来平衡本体复用的覆盖度和抽象程度。典型核心本体包括法律领域的 LRI 核心和 LKIF 核心本体、渔业本体、用于企业业务流程分析的 COBRA 本体等。虽然核心本体的作用范围限制了其可用的场景，但它的优点是可以提供具体概念的定义，这些概念更易于复用，并且可以支持更相关的推理。但是，核心本体的概念也不一定必须是具体的，因为像法律和医学等高度专业化和理论化的领域包含了非常抽象的概念，而这些概念在一般性的本体中并不常见。例如，法律本体中经常含有权利、义务、责任和法律因果关系等抽象概念。

领域本体扩展了核心或基础本体，具有更多与特定领域推理直接相关的具体类别。举例来说，渔业本体是 DOLCE 本体的扩展，定义了捕鱼区、水生生物和捕捞方法等核心概念。在此基础上，可定义更具体的“北海渔业本体”，上述概念可被进一步提炼为阿伯丁岸、鲱鱼和远洋拖网等。同样，刑法本体可在通用法律本体的基础上进一步引入特定管辖权的犯罪子类，并将特定的重罪和轻罪具体化为过失杀人和小偷小摸等。

（二）本体复用的安全性

在本体开发中，通常通过降低被复用本体的表达能力以提高通用性和适用性，使该本体适用于其他更严格的知识表示形式。在语义网中应用基础本体时，经常发生这种情况。例如，SWIntO 本体复用了 SUMO 本体和 DOLCE 本体，但在 SWIntO 中，SUMO 的表达能力受到了很大的限制，被移除了大部分的公理，仅留下了被简化得不能再简化的包含关系层级。但是，这种表达能力的折中削弱了被复用本体作为本体选择和设计模式来源的作用，其原因在于对本体的任何修改都会违背本体对其原始概念模型的本体承诺。

为了说明这一点，我们不妨将本体视为一组本体承诺。为了说明这一点，请将本体视为一组本体承诺。这些承诺由一组（非逻辑）符号组成，这些符号表示本体声称存在的实体、本体的签名，以及一组关于这些实体的本体陈述。这些本体承诺中的任何差异，都会对现实或知识库中可能存在的内容提出不同的要求，从而表示一个不同的本体。如果在被复用的本体中删除符号或语句，则意味着被复用的本体不再是原始的源本体，而是一个缩减的版本。因为在这种情况下，无法建立源本体的本体承诺与新本体的本体承诺之间的直接匹配关系，从而违背了本体复用的目的。

传统意义上的本体复用要求确保复用的源本体和新本体之间的兼容性，也就是说，保证相同的本体承诺。但这种情况只能存在于完全形式化的本体复用中，而不是非形式化的本体复用情形。所谓非形式化复用，意味着新本体对源本体所表示的理论没有形式化的承诺，其源本体的承诺仅存在于本体的签名部分，并无法通过形式化方式建立。非形式化复用可以从非常松散的对应关系到紧密的集成。不过，非正式复用仍然也是非常严格的，并且可通过自然语言等非形式化方式来符合其原本的解释。

对复用的概念进行更形式化的定义可以通过导入闭包和公理闭包来表达。这些闭包是一种句法结构，它们构成了所有表示本体承诺的公理集合。例如，SWIntO 本体对 SUMO 本体的部分进行了半形式化复用，即不考虑其复杂的类公理和属性，而只使用 SUMO 的分类层次承诺，这种半形式化复用可以直接用这些闭包来表示，即如果本体$\mathcal{O}'$的公理闭包$\mathcal{O}'_{\cup}$和本体$\mathcal{O}$的公理闭包$\mathcal{P}_{\cup}$的交集非空，那么可认为本体$\mathcal{O}$部分地半形式化复用了本体

$\mathcal{O}'$。同时，如果公理闭包$\mathcal{O}'_{\cup}$是公理闭包$\mathcal{O}_{\cup}$的一个子集，那么这种半形式化复用即完全半形式复用。

公理可被视为不同的句法实体，而不考虑其语义。然而，不同本体的公理可能相互作用，所以不能单独考虑。即使在完全半形式复用的情况下，结合以前不相关的公理也会产生令人惊讶的效果。当某个本体$\mathcal{Q}$被本体$\mathcal{P}$导入时，产生的公理闭包$\mathcal{P}_{\cup}$的语义由公理$\mathcal{P}_{\cup}=\mathcal{P}\cup\mathcal{Q}_{\cup}$的并集所决定。虽然$\mathcal{P}$从$\mathcal{Q}_{\cup}$导入所有公理，但这不能保证$\mathcal{P}_{\cup}$的本体承诺与$\mathcal{Q}_{\cup}$的本体承诺兼容。本体复用的目的是$\mathcal{P}$中的公理与$\mathcal{Q}_{\cup}$中的公理相互作用，使$\mathcal{P}_{\cup}$中蕴含新的可能适用于$\mathcal{P}$中的公理。但是，$\mathcal{Q}_{\cup}$中概念性术语的含义也可能因此导入而改变。

在不直接改变$\mathcal{Q}$的情况下，在$\mathcal{P}$中添加一个公理将改变本体中术语的含义，也就是说，$\mathcal{P}$上下文中的本体承诺不同于它的明确承诺。而对$\mathcal{Q}$进行更重大的修改更加容易，例如，可以向$\mathcal{Q}$添加不连续的公理或元模型。但是，这种做法从传统的本体复用角度来说是有问题的，因为其他某个本体$\mathcal{P}'$也可能在重用和扩展$\mathcal{Q}$，因此将导致与$\mathcal{Q}$公理的交互问题。本体交互问题是一个本体复用中普遍存在的问题，如果一个本体复用另一个本体，它的本体承诺可能会影响被复用本体的承诺，从而破坏它与其他复用同一本体的本体的兼容性。

因此，确保$\mathcal{P}$和$\mathcal{P}'$是兼容的，并且两个分别实现$\mathcal{P}$和$\mathcal{P}'$的系统之间进行可靠的信息交换是一个很重要的问题。由于公理闭包的语法本质，两个闭包的结合无法给出一个有序的重用定义。本体$\mathcal{Q}$对本体$\mathcal{Q}'$的正式重用不应影响$\mathcal{Q}'$的原始蕴涵，并且如果$\mathcal{Q}'$的任何部分$\mathcal{Q}''$离开了$\mathcal{Q}$的公理闭包，则其蕴涵不应受到$\mathcal{Q}$的影响，反之亦然。换言之，$\mathcal{Q}'$的任何部分重用只能忽略完全断开且与扩展$\mathcal{Q}$无关的$\mathcal{Q}''$部分。

Ghilardi 等（2006）根据描述逻辑中保守扩展的定义，引入安全复用的概念，直接利用本体中的形式化复用签名。所谓本体$\mathcal{O}$是$\mathcal{O}_1$的$\mathcal{S}$-保守性扩展，即如果$\mathcal{O}_1$和每一个用签名$\mathcal{S}$表示的公理 α，则有$\mathcal{O}\vDash\alpha$ iff $\mathcal{O}_1\vDash\alpha$。如果$\mathcal{O}$是$\mathcal{O}_1$相对于$\mathcal{O}_1$签名的$\mathcal{S}$-保守性扩展，则本体论$\mathcal{O}$是$\mathcal{O}_1$的保守性扩展。换言之，如果$\mathcal{Q}_{\cup}$签名中的符号上没有$\mathcal{P}_{\cup}$所暗示的公理，则公理闭包$\mathcal{P}_{\cup}$只是$\mathcal{Q}_{\cup}$的保守扩展，而$\mathcal{Q}_{\cup}$本身也没有暗示公理。如果不存在其他使用某个签名的本体$\mathcal{O}$，并且$\mathcal{O}\cup\mathcal{O}'$不是$\mathcal{O}'$的保守扩展，那么本体$\mathcal{O}$对于该签名是安全的。不过，Cuenca 等（2007）也指出，对于表示描述逻辑来说，确定某些公理集（本体）对于签名是否安全是不可确定的。

本体的形式化复用必须遵循该本体所表示的公理逻辑后果。同时，本体复用不仅必须与源本体一致，而且应该是源本体的保守扩展。不过需要指出的是，形式化的本体复用并不需要两个本体之间存在导入关系，而是确保它们的承诺之间的兼容性。形式化本体复用也不一定要求两个本体使用的表示语言之间的兼容性，因为确定不同的知识表示语言之间是不是保守扩展很容易导致不可计算问题。

近年来，出现了一些本体模块提取工具以支持部分形式化本体复用。这种工具的使用前提是它对于复用公理的签名是安全的。模块化公理提取是将影响重用本体中公理语义的公理进行精确提取，形成一个连贯整体的过程。不过，这种方法只有当复用的本体中的公理相对独立时，才有实际的作用。

（三）本体复用约束

基于前一节关于本体知识安全复用的分析，Gruber（1994）总结了信息系统之间直接的本体复用须满足的约束条件：

（1）非修改约束：被复用的本体本身不应该以任何方式进行修改。

（2）形式化复用约束：所有信息系统的本体应该用形式化的知识表示语言表达，以能保证复用本体之间的对应性。

（3）兼容性约束：用于共享本体承诺以实现本体复用的本体知识形式化语言须具有允许复用本体一致性检验的功能。

（4）完全复用约束：复用本体应直接导入被本体的本体承诺，包括签名和知识语句。

（5）安全复用约束：复用本体应该至少是被复用本体的保守扩展，并且理想的情况是对于其所复用的公理签名是安全的。

由于上述约束条件的限制，涉及知识管理、知识表示和形式本体在形式化程度上的区别，一个本体是否适合复用需通过形式化的方法进行评估。统一本体可分别在抽象和具体的描述层次上表示，可进行元建模，并可使用表达能力不同的语言进行表达。基础本体仅限于在元级别上使用一阶逻辑或其变体定义抽象概念。核心本体不进行元级别的概念定义，但既可以定义抽象的概念，也可以定义具体的概念。它们通常用知识表示语言的有限表达来进行表示。领域本体以表达受限的知识表示语言，定义非常具体的概念。

使用不同的形式化语言反映了抽象的、更具哲学启发性本体建模思想与工程化的知识本体实践之间的差异。例如，形式化的本用正是由于分层复用方法存在不连续性所导致的，也就是说，抽象的本体和具体的本体之间是无法复用的。使用具有相同的表达能力形式语言的基础本体只能在抽象的层次上进行本体复用。但是，高表达能力的形式语言通常是计算不可确定的，因此没有形式化或实用的方法以保证安全复用。这一问题虽然可以通过使用受限的、可决定的语言表示的基础本体的变体来克服，但这些变体却不可避免地会破坏原有本体承诺的完整性。

五、元属性

本体复用的目的，除了为本体开发提供基础的概念体系框架，还可以继承被复用本体的决策思路。如果被复用本体的概念定义足够充分，那么复用本体可以防止本体工程师无意中开发出反常的本体。然而，如前所述，直接本体复用受到若干限制条件的约束。此外，尽管形式化的本体承诺所表达的本体决策思路是清晰明确的，但从高度专业的形式语言所表示的公理集合中逆向还原这些思路本身是非常困难的工作。因此，为了提高本体决策思路的可读性，需要进一步明确本体构建的一些基本设计原则。这些设计原则作为方法论，可以为本体开发进行辅助指导。前述的本体设计指标将本体作为一个整体提供相关的开发指引；而本体设计原则在实体属于哪个基本类型或其他本体相关方面提供了指导。

Guarino 和 Welty（2002）所提出的 OntoClean 方法论是目前最具影响力的本体设计原则。OntoClean 通过了一种评估分类关系的本体充分性的方法，既可以在新本体开发过程中使用，也可以在其事后评估中使用。它通过提供一组形式化的验证框架和术语字典来评价某种特定的分类结构的优劣。OntoClean 方法论的核心是四个基本概念：本质性（Esscnce）、刚性（Rigidity）、同一性（Identity）和统一性（Unity）。当将这些概念施加于两个不同类时，它们可以辅助确定这两个类之间的包含关系是不成立。

对于某个实体 a 来说，如果实体 a 不是某个类别 C 的成员则意味着实体 a 不可能存在的话，那么是否具有类别 C 的成员资格对于实体 a 来说就是本质性的。例如，思维能力对人来说就是本质性的，因此每个人都必须是“可思维”这个类下的一个实例。一个类别的成员资格对于某个实体来说是不是本质性的，取决于该实体是不是其他某个类的成员。在上个例子中，“可思维”类别对一个实体（某个具体的人）的本质性在于这个实体是“人”类的成员。对于某个实体 a 来说，实体 a 不是某个类别 C 的成员唯一的方式就是不再存在的话，那么是否具有类别 C 的成员资格对于实体 a 来说就是刚性的。并且，对所有以类别 C 为刚性类别的实体来说，都是具有这种强依存关系的。还以上例为例，“可思维”对一个人来说虽然是本质性的，但并非刚性的。否则，医学上的“植物人”是不会存在的。因此，只有“人”类对具体的人来说是刚性的，因为人必须是人类。刚性的类是本体工程决策选择的结果，反映了一种重要的本体承诺。

如果某个类 C 对于其成员来说是非刚性的，那么类 C 对于它的部分实例而言可以是非本质性的，这种情况类 C 称为半刚性（Semi-rigidity）的；或者对于它的全部实例而言都是非本质性的，这种情况类 C 称为反刚性的（Anti-rigidity）。典型的反刚性例子是角色或功能性类。例如，“学生”类或“刀具”类。但是在开发图书借阅系统时，图书馆管理员可能会提出开发需求，希望自动结束毕业生的图书馆借阅资格。在这种情况下，“学生”类对于具体的学生而言就可以是刚性的。

确定某个类的刚性的一个有用方法是该类成员中实体的本体主观（或是客观）程度。主观性实体依赖人的意识而存在，客观性的本体则独立于任何感知或精神状态而存在。将主观性实体与客观性实体相区别，有助于识别自然固有的特征，以及与观察者意向性相关的特征。例如，把一个物体表述为凶器，反映的是这个物体对观察者而言有意义的一个特征；与之相对的，物理物体所具有的客观特征则不依赖于人们的主观认知而存在。因此，与人类的观察或感知相关的特征是本体主观特征，由这些特征定义的类通常是反刚性的。OntoClean 方法论的重要内容是决定一个类是本质的、刚性的、半刚性的还是反刚性的，这给本体工程师增加了考虑本体所有可能用途的负担。根据 OntoClean 方法，本体承诺应该通过在本体标记本体元素的元属性来明确。元属性标明在本体定义中允许使用的类。例如，刚性类不能是反刚性类的子类，反之亦然。因此，“学生”类不应是“人”类的子类。

OntoClean 方法论的另一个重要概念是同一性，用于辅助确定两个实体是否相同。如果两个实体符合同一性标准，那么这两个实体是相同的；反之，如果两个实体是相同的，那么它们一定符合同一性标准。同一性标准关注的是那些使不同的实体相同的属性，例如，OWL 中的 owl:sameAs 属性。解释同一性标准的一个典型例子是“时长”与“间隔”。虽然我们都认可“所有的时间间隔都是时长”是正确的，但是这并不意味“时长”包含“间隔”。因为具有相同长度的两个间隔不一定相同，但具有相同长度的两个持续时长是相同的。显式标注的本体类的同一性有助于安全的本体复用。一个代表性的同一性标准的例子是两个拥有相同社会保险号码的人必须是同一个人。虽然形式化知识表示方法很少提供内置语言构造来表示同一性标准，但这些标准在确定类之间的包容关系，或者证明包容关系时仍然非常有用。

OntoClean 方法论的最后一个重要概念是统一性，指某些实体的整体是由部分所组成的属性。统一性通常被用于基于实体的分体论（Mereological）属性区分不同的类。一个经验之谈是，使用不可数名词指称的类通常不具有统一性，而使用可数名词指称的类一般具有统一性。任何传统的分体论学关系，如功能分解、空间配置、拓扑结构等都具有统一性。只有类之间具有统一性时，类之间的包容关系才有效。类的统一性、反统一或空统一性都可以通过它的子类得到继承。

OntoClean 方法论为本体评价提供了一种有效的形式化框架。这种框架有助于将决定包含关系的本体决策以形式化的方式表达出来。通过对本体的类进行元属性标注，可以实现本体的分类关系的自动评价。例如，假设类 C' 是类 C 的子类，则如果 C 具有反刚性，则 C' 也具有反硬性；如果 C 具有某种同一性，则 C' 一定也具有同样类型的同一性；如果 C 具有某种统一性，则 C' 一定也具有同样的统一性；如果 C 具有反统一性，则 C' 一定也具有同样的反统一性。本体的元属性不仅有助于评价一个本体或构建一个新本体，如果新本体和被复用本体的元属性被标注时，还可以对本体复用的合法性加以额外的约束。需要注意的是，这些元属性标注是描述本体公理的元级陈述，本身并不属于公理语义的一部分。而且，尽管元属性标注也是形式化的，但不能用保守扩展相同的方式来解决本体交互问题。因此，本体的元属性标注和保守扩展是两种互为补充的方法，共同构成了本体的二步规范法。

OntoClean 方法论的局限性是上述核心概念虽具有哲学色彩，但却是源于知识工程实践的抽象。举例来说，反刚性概念表明角色和角色扮演者之间区别的元理论，角色或角色扮演者是两个最为常见的实体属性，它们反映了一个实体本身所具有的事物或扮演的事物。同样，统一性概念直接对应于物体和组成该物体的物质之间的区别。Guarino 和 Welty 谨慎地避免 OntoClean 成为传统的提供本体建模决策指导的方法论。他们意在将 OntoClean 中的元属性打造为纯粹的元数据，以用于标识类的本体位置。但是，显式地表达这些元属性虽然有利于设计决策选择的沟通，但却无法有效表达出本体决策所依据的基本原理。而且，由于这些元属性是从更具体的概念中提取出来的，那么相比更为具体的本体开发指南，OntoClean未必为本体工程师提供了更坚实的方法论基础检验。此外，元属性也被强制通过类的包含关系进行基础检验，并且很多形式化知识表示语言都提供这一功能。由于本体工程师需要考虑到这种继承性，因此造成许多元属性之外的本体建模错误。

六、结构化设计模式

本体工程最近的一个发展趋势是把“设计模式”运用于本体开发中，旨在克服现有的本体复用和设计原则中的限制。已有本体通常是重量型的，因此很难被修改和扩展到领域本体。而设计原则非常抽象，很难在本体中转换为具体的定义。设计模式在已有本体和设计原则之间提供了一个折中选项，使设计原则在可管理的模块中具体化。此外，设计模式还有助于处理与所选择的本体表示语言相关的一些问题。目前主流的知识本体表示语言是OWL DL语言，这种语言是为在网络上分享知识而定制的特殊描述逻辑。

知识建模与本体设计并不是相互独立的。首先，知识表示语言，尤其是该语言的表达能力决定了哪类本体可以被复用。其次，安全复用也只有在确定了复用本体和被复用本体的表示语言后才有意义。因此，本体表示语言的表达能力是关键。而且，本体表示语言对本体的哪些部分作为概念模型可以被形式化有重要的影响。具体而言，本体表示语言的表达能力与判定或计算效率之间的权衡，是OWL DL语言的要义所在。这种权衡体现在并非所有与本体相关的特性都可以用OWL DL表示，并且有些特征可以用多种方式表示，而每种方式都有其独特的优势。

因此，本体的编码不仅是若干本体承诺选择的结果，也是设计决策的结果。当然，对已有本体的复用可以减轻这一过程的要求。因为本体复用不仅提供了现成的概念和属性，而且还传递了对本体设计基础和决策选择的洞察。而本体设计基础和决策选择可进一步具化为本体设计模式，也就是在给定上下文的情况下针对某个设计问题的典型解决方案。

（一）模式与语义

对概念采用形式化语言进行定义与采用自然语言进行描述从方法论上来说没有太大差异。无论是形式化语言还是自然语言，在表达概念时都是基于一定语法规则对符号进行组合而形成的。而在本体工程中，可以采用类似的思路，利用结构化的设计模式进行本体的开发构建。自然语言中词语组合的方式表明人类思想中存在几个基本的概念，并且其折中词语组合方式也遵循基本的认知规则。

例如，无论是中文还是英文中，都普遍存在与格（Dative）形式间接宾语非典型用法。虽然大多数及物动词可同时用于介词格（主语—谓语—宾语—介词—间接宾语）和双宾语（主语—谓语—间接宾语—宾语）两种形式，但很难从各种自然语言现象中总结出一般性的规则。一个典型的例子是，虽然“把这封信给我”（Hand the letter to me）和“给我这封信”（Hand me the letter）是相同的意思，但“我开车去上海”（I drive the car to Shanghai）和“我去上海开车”（I drive Shanghai by the car）的意思则不尽相同。这个例子表明这两个句子的结构不是同义的，本质上是由于这两个句子遵循了不同的底层语义模式。介词格的语义是“导致……去……”，二双宾语的语义是“导致……拥有……”。因此，“把这封信给我”的语义是“导致信去我这里”，而“给我这封信”的语义是“导致我拥有这封信”。在自然语言中，还存在大量其他类似的语言现象。这些自然语言中存在的语义模式从某种程度上验证了 Pinker 的思想理论，人类将思想“编码”为语言，只要语言不是空洞的或言之无物的，受众就可以“解码”语言，从中抽取出有意义的内容。因此，思想中的基本概念与语言中特定的语法结构所表达的语义相呼应。语言的语法规则反映了人们参照“世界存在”所构建的概念体系。这种概念体系体现了人类将概念组合起来，形成有意义的分类约束。在知识表示或者在本体工程中，通过 Pinker 理论，我们可以发现在语言中某个概念术语所处的位置通常标示着它的含义，以及它所属的一般性分类。

从这些语言现象中我们可以看出，语言表达通常遵循某种模式，这些模式还可以应用于新场景产生新含义。这些模式就是所谓的设计模式，基丁这种设计模式人们可以表达不同的语义。同时，并非每个模式都可以应用于任何概念术语。例如，在自然语言中，某个语法模式与某个概念术语的适用性取决于该语法模式所表达的内容和这个概念术语的语义是否匹配。知识表示和本体开发中的设计模式也存在类似的约束限制。

（二）本体工程设计模式

本体工程中存在很多不同的设计模式，包括命名规范模式、注释类、本体分解模式、本体词汇映射、规范化宏，以及将自然语言转换成OWL公理的语法规则等，虽然这些模式都和本体工程有关，但并不是所有模式都可以反映本体设计决策。这些不同的设计模式对于将设计模式作为数据结构的作用有不同的认知。从这个角度来说，所谓本体设计模式就是设计方案具化为可能的实现。因此，Presutti将本体工程模式定义为解决反复出现的本体设计问题的建模解决方案。这个设计方案只能由满足设计方案定义的特定角色的本体元素组合来实现。

基于本体工程模式的这个定义，应正确地索引并记录各种模式及其解决方案。此外，这个定义可以通过DOLCE超轻量级本体进行描述，从而使可与大型基础本体锚定。但是，将本体工程模式描述为解决方案与具体实现之间的具化关系，掩盖了具体实现满足解决方案的原因。特别是当某个具体的设计模式的本体相关性依赖于这种关系时，这种模糊的定义无法用于评价这种相关性。对模式的本体相关性的评价不应依赖于模式与具体实现之间的显式关系，相反，具有本体相关性的模式本身应该是形式化的通用模块，能够被本体直接应用或实现。

（三）知识模式

设计模式不仅是简单的形式化通用描述。当设计模式用于某个具体场景时，它甚至可以用作对这个具体场景各方面进行推理的基础。为说明这一情况，Clark等给出了一个容器模式的例子，在这个例子中，容器模式用于定义计算机的容量。计算机的“容量”是个具有多义性的概念，它可以指计算机的各种可测量属性，如内存、硬盘空间或扩展槽的数量。如果查询以直接方式应用容器模式的知识库，将返回所有可能的结果。解决这个问题的一个方法就是，对容器模式进行参数化，以限定具体的容量类型。但是，这个方案的问题在于其将导致更复杂的场景分类。例如，还需要进一步区分计算机的物理容量和信息论意义上容量等。简言之，为了确保能够应用于广泛的场景，设计模式需要显式包含所有场景可能出现的各种情况。这样的模式显然过于复杂，而且包含领域相关的偏见，因此无法自由地迁移至新的场景。

结论是，尽管看起来容器和计算机之间存在一种包含关系，但事实上这是不正确的。相反，计算机可以被建模为一个容器。Clark 等将知识模式定义为其公理不属于实现该模式的知识库理论。这种模式的实现是通过导入其公理并将实现的符号映射到模式签名中的符号来完成的。其映射是由一个将模式中的每个非逻辑符号映射到知识库中相应符号的射态给出的。知识模式的定义避免了单纯以包含关系为基础的模式实现的局限性，引入了一个较弱的映射函数，将模式与其实现连接起来。尽管如此，知识模式还是有相当大的限制性，因为模式和映射都需要位于知识库之外。

将本体设计模式视为知识模式允许对本体中的模式实现进行形式化评价。基于知识模式的定义，我们可以将设计模式进一步定义为可以承载本体理论，并可在其他本体中实现的知识模式。从形式化角度来说，当且仅当本体$\mathcal{P}$签名 Sig（$\mathcal{P}$）和本体$\mathcal{O}$签名 Sig（$\mathcal{O}$）之间存在一个由签名形式指定的映射函数时，对于所有的公理 $\alpha \in \mathcal{P}$，存在$\mathcal{O} \vDash M[\mathrm{Sig}(\alpha), \alpha]$，其中 $M[\mathrm{Sig}(\alpha), \alpha]$ 是将 M 应用于 α 及其签名所生成的公理集时，本体设计模式是一个本体$\mathcal{P}$，并且在本体$\mathcal{O}$中实现。

这里需要指出的是，与知识模式一样，设计模式这个定义并不严格要求模式和实现之间的双目标映射。在映射 M 中，来自$\mathcal{O}$签名的符号可能出现任意次数，而不是来自$\mathcal{O}$的所有符号都必须映射到$\mathcal{P}$签名上。此外，弱化知识模式的定义有助于将映射定义为$\mathcal{O}$中的公理。这样，实现关系既不需要也不排除使用包容关系将模式本体$\mathcal{P}$映射到$\mathcal{O}$的相关部分。尽管这种方式为一些模棱两可留下了空间，但它允许在模棱两可不造成破坏性结果的前提下，可以直接对模式进行实现。

Presutti 等（2008）在知识模式的基础上进一步区分出内容模式和逻辑设计模式。内容模式实质上就是小型本体，其可复用性是通过对其基本原理记录明确的文档说明的方式实现的。Presutti 等建议开发一个内容模式库，可以用作开发其他本体的基础模块。逻辑设计模式是在元级别制定的，且通过实例化实现。现实中的公理根据模式定义的元分类进行归类。

1. 内容模式

内容模式是对知识模式的约束。与知识模式不同，内容模式不是模式与本体实现之间的自由映射，而是基于向下分类顺序的关系。内容模式的签名只映射为模式符号中的符号。内容模式的签名只映射到由模式的符号所包含的符号。从形式化角度定义，当且仅当$\mathcal{P}_{\mathcal{C}}$作为设计模式被实现为本体$\mathcal{O}$，并且如果$\mathcal{P}_{\mathcal{C}}$在其公理闭包中（即$\mathcal{P}_{\mathcal{C}} \subseteq \mathcal{O}_{\cup}$），那么对于所有公理 $\alpha \in \mathcal{P}_{\mathcal{C}}$，在$\mathcal{O}$中额外存在$M[\mathrm{Sig}(\alpha), \alpha] \subseteq \alpha$（应用于α及其签名的映射函数$M$返回的$\mathcal{O}$中的公理必须包含在α中）时，本体$\mathcal{P}_{\mathcal{C}}$即为内容模式。例如，当本体$\mathcal{O}$使用标准的OWL构造对本体$\mathcal{P}_{\mathcal{C}}$进行导入和扩展时，满足与正常本体复用相同的安全要求即可。根据上述对内容本体的形式化定义，这种复用须满足保守扩展的要求。因此，我们可以使用$\mathcal{P}_{\mathcal{C}} \cup \mathcal{O}_{\cup}$作为确认$\mathcal{O}$是不是内容模式$\mathcal{P}_{\mathcal{C}}$的安全实现的标准。

2. 逻辑模式

逻辑模式具有元级特性，因此它有更结构化的特征。Presutti等（2008）认为逻辑模式是逻辑化的元级理论。为了理解该理论，可参考OWL语言的类别，这些语言构造支持任何有效的OWL本体定义。逻辑模式以同样的方式工作，它定义了元类和具化关系，以定义有效的模式实现。从形式化的角度定义，当且仅当存在一组公理$\mathcal{Q}$时，使$\mathcal{Q} \subseteq \mathcal{O}$，且存在$\mathcal{P}_{\ell} \models \mathcal{Q}$，则称本体$\mathcal{P}_{\ell}$是一个逻辑模式，且在本体$\mathcal{O}$中实现。

一个实现逻辑模式的部分应该是该模式的合法模型。此外，使用OWL语言表达的逻辑模式无法使用描述逻辑进行分类。因此，逻辑模式实现的正确性与安全性无法得到验证。此外，由于逻辑模式实现中的公理是逻辑模式中公理的实例化，因此合法的逻辑模式实现通常并不具有与逻辑模式同样的结构。设计模式并不总是显式地定义为形式化理论，它们也可被描述为带有典型样例的程序化步骤。例如，数值分区定义、模拟n元关系、将N元关系和类转化为数值、可传递衍生、序列及结构化对象等。在很大程度上，这些程序化步骤由于并不指代实际的实体，因此不是本体承诺，而是旨在描述如何标示那些无法用OWL语言直接表达的结构。

3. 结构模式

根据逻辑模式的形式化定义，上述程序性步骤只有在可形式化为元理论时才可被视作逻辑模式。然而，考虑到使用OWL语言表达元理论的局限性，以及模式描述中例子的普遍性，严格的逻辑模式的效用并不一定好过形式化程度稍弱的模式。一种可能的形式化程度稍弱的模式是模式与实现之间的映射不遵从本体承诺的约束，且映射不假定某签名中的符号之间存在一个本体关系，而只是保证模式中的结构转化为模式实现中的类别。这种模式即结构模式。从形式化角度定义，结构模式是一种映射函数M是双向的本体设计模式，且对于模式中的元素及其实现之间的关系没有语义要求。

正是由于允许结构模式与实现本体之间不关联，其实现不涉及显式的本体承诺。但是，它可能包含Bodenreider等（2004）确定的类型的认识论承诺，结构模式实现标志着对本体部分的预期解释。例如，OWL 语言中的 N 元关系实现意味着即使根据 OWL 语义来看不是一个 N 元关系，但也应该作为一个 N 元关系来解释。这与 OWL 语法结构标志着 OWL 语义适用性的机理完全相同。结构模式的这种认知论性质并不是一成不变的，当其预期解释与实现的标准语义越接近时，这种性质就减弱。也就是说，当结构模式的预期语义和实际语义相一致时，逻辑模式将遵循保守性的解释。最后，虽然部分逻辑模式主要是由认识论目标驱动的，并且没有明确的本体承诺，但它们确实也在一定程度上传达了本体信息。

第五章

法律本体的设计与实现

一、结构化概念表示与模型解释

在第四章中，我们介绍了结构化本体的设计模式，本章将结合法律领域本体构建深入剖析设计模式的适用性和重用性。前述的诸多大型本体的开发经验表明，以“中间向外”的方式构建大型本体有助于促成众多此类模式出现。一方面，是因为基本概念集群，以及其后续独立的表示使人们意识到了循环结构；另一方面，复用现有概念在方法论层面重点强调对现有定义的重复应用，这引导人们更加关注集群之间的相似性，而非其间的差异性。前述章节从常识和知识表示视角所做的探讨，有助于本体工程师不必深究知识表示领域高度抽象和复杂的理论内容。

结合大型法律本体的构建过程，探讨其中出现的相关设计模式，有多重意义。首先，可为以复用为目的的通用设计模式提供深度的描述和剖析。其次，进一步深入介绍司法领域中多个重要概念，如主观概念，或者说社会概念，以及物理概念，包括进程。同时，通过将这些概念应用到不同的用例中，可评估这些概念所代表模式的可重用性。最后，对这些设计模式的应用进行全面的描述，可以深入了解 OWL 2 的语言构造在复杂类描述中的应用方式，有助于在复杂类描述中更好地试用 OWL 2 语言。正如我们在前面章节所述，应用于本体论开发的方法论和理论指南很少涉及知识表示语言的使用。OWL 语言的应用示例和参考指导主要为新用户提供入门级的操作指南，以及旨在改善此类教育资源的常见误解列举。虽然，这些努力既提高了对 OWL 语言的理解，也提高了评估 OWL 语言所表示的内容是不是域的适当表示的能力。但是，它们却忽视了非常重要的中间步骤：表示过程本身。

当前，还有一些更具实用性的本体开发指导资料，如 Seidenberg 和

Rector（2006）关于 OWL 传递性的探讨，以及 Bobillo 等（2007）关于实用结构化设计模式的研究。然而，这些本体设计方法通常都是针对特定问题或领域的，将设计模式呈现为一个给定的、易于复用的本体模块。此外，鉴于本体设计是一种从无到有的任务，是一个从零开始的过程。特别是，设计模式最有价值的贡献在于可以复用和组合形成新的、未知领域的表示。因此，仅仅用声明性结构来描述设计模式，而不是给出应用它们的过程，这本身就是有待商榷的。

（一）本体表示的模型解释

大型本体的开发不仅概念复杂，而且还伴随着诸多知识表示语言的局限性。在某些情况下，具有高表达能力语言会使推理机性能大幅受限，或所需表达的范围远超 OWL2 语言的能力。后者是根本性问题，因为语言严格限制了你可以表达什么，不能表达什么。尤为令人困扰的是，OWL2 语言的限制性通常会在良好运行且人们毫无准备之下突然出现，例如，某个改变看似细微，但却可能导致整个系统无法再正常工作。

基于描述逻辑的知识表示语言语义定义了可描述的有效模型空间。基于知识表示语言所提供的一组原语集合，可以通过排除某种模型来切割空间。例如，如果类 A 和类 B 之间具有 owl:disjointWith 关系，那么就可以排除所有的个体 i 既属于类 A 又属于类 B 的模型。但是，问题在于类级描述的表层结构和其允许模型的结构并不一致。目前也还没有任何启发式方法可以帮助本体工程师决定什么时候可以应用哪种原语。

假设某个本体$\mathcal{O}$中定义了四个基本类 A、B、C 和 D，这四个类中分别具有不定义域或范围的属性 p_1、p_2、p_3和 p_4，并且给出如下关于类 A 的公式描述：

$$A \equiv p_2 \text{ some } (B \cap p_1 \text{ some } D) \cap p_3 \text{ some } (C \cap p_4 \text{ some } D)$$

在类级别上，A 的定义有一个类似于菱形结构的模型，但这个结构并不会在实例级别上真实地反映出来。例如，当我们声明了六个体 a、b、c、d、d′和 d″时，A 的定义可以（至少）允许 9 种个体之间的关系模式。但是，通常我们希望能在实体级层面上实现类似类之间关系的简洁（菱形结构）模式。这种情况会出现在当一个或多个类（A、B、C 或 D）相同时，

或者当一些角色 p_1、p_2、p_3和 p_4等效时，实现充分覆盖 A 的预期结构的表示，归根结底是寻找可以防止或确保单个个体具有多个可能属性的方法。它要求我们对满足类描述的所有可能的模型集合进行删减，以防止出现意外的模型解释。

目前，在本体自动调试和解释方面已取得了很多重要的进展，例如，Pellet 中的 Tweezers 扩展允许工程师自动检查模型的一致性。

（二）结构化概念

随着领域复杂性的增加，语言表达能力的限制变得越来越明显。许多相对简单领域涉及的语义结构本身并不复杂，但也对推动描述逻辑的表达极限产生了重要的作用，进而实现更为复杂的表示。例如，生物、分子等的物理结构，以及动作、过程及其参与者之间的交互模式，都是相互依赖的实体复杂组合，涉及的实体都很难或几乎不可能通过描述逻辑得到准确的表达。

在 SUMO 本体中，复杂的概念被表示为通用逻辑（Common Logic）的规则。通用逻辑本身是一种表达力很强但不可判定的语言。这种语言允许变量直接表达交互约束。Grosof 等（2003）也论证了可判定的 Horn 逻辑允许以直接的方式定义非树型结构。例如，前述的类 A 的定义可以通过如下规则得到：

$$A(?\ a) \leftarrow p_2(?\ a,?\ c) \wedge p_3(?\ a,?\ b) \wedge C(?\ c)?\ B(?\ b) \wedge p_1(?\ c,?\ d) \wedge p_4(?\ b,?\ d) \wedge D(?\ d)$$

从表面来看，将基于规则的表示方法和 OWL 2 DL 语言相结合似乎是有益的。然而，这种结合有诸多弊端。首先，规则的引入会重新导致控制知识的认识论混乱性和秩序依赖性。其次，如同 KL-ONE 语言的程序性和解释性附件一样，它们只能断言新的知识。规则不能帮助设置额外的分类限制：它们不能像数据库中的完整性约束那样对分类做出禁止性约束。尽管 Motik 及其他专家在描述逻辑与完整性约束相结合方面的研究有所进展，但仍未达到可以付诸应用的阶段。

保持分类器和规则解释器的推论之间的一致性是一个非平凡问题。这在很大程度上源于规则和描述逻辑可判定组合所必需的安全性条件约束。由于描述逻辑安全性规则中的变量只允许绑定到显式的命名个体，因此规则解释器不会考虑由 OWL 2 DL 推理器所推断的可能无限数量的匿名个体。也就是说，规则更倾向于量化 TBox 的不完全模型。

将描述逻辑与规则协调起来的混合方法有很多，如 DLP、Horn-$\mathcal{SHIQ}$、ELP 和$\mathcal{SROIQ}$规则语言等，这些方法都存在语言的表达能力与推理能力之间的权衡问题，不可避免地通过牺牲语言的表达力来限制推理的复杂性。例如，DLP 被定义为 DL 和逻辑编程语言的交集；ELP 语言要求规则体中的变量通过树形结构或树形结构的集合相连接；$\mathcal{SROIQ}$规则语言被限制为只能通过$\mathcal{SROIQ}$描述逻辑可表示的类规则原语进行构造。简言之，这些语言要么提供结合了有限描述逻辑的规则表示，要么提供了结合有限规则的描述逻辑表示。通常，复杂概念使用前一种形式的语言来定义，其原因在于 OWL 2 DL 语言的表达边界理论基础仍然是比较模糊的。

（三）法律领域常用的设计模式

本章将主要介绍三种在法律领域常见设计模式的 OWL 2 DL 表示。这些模式不是完整的类定义，而是通过使用第三章介绍的 OWL 2 原语组合的方式来表示的。这种描述可以有效表明各种设计决策和表示的局限性，以及每种模式如何应用于各种不同的领域。第一种模式涉及前面简要讨论的菱形结构，我们将讨论如何使用 OWL 2 DL 语言中一些更具表现力的语言特性来近似这种结构的方法。这个模式的核心是能够推断模式中不同参与者之间的身份关系。第二种模式涉及关系的表示及其再具体化。我们将讨论如何将多个用例（如多元关系和主观实体）简化为推断参与该关系实体化的两个个体之间关系的问题。这种模式描述了一种三角形结构，可以用于定义复杂的（社会）关系。第三种模式用于多个实体的序列表示。我们将讨论如何将其应用于因果关系和复杂结构的定义。这种模式高度依赖于 OWL 2 语言的角色包含公理。

最后，我们结合上述三种模式，讨论如何将其用于表示法律本体中核心的情节类别。与第四章节所提及的“中间向外”的经典方式相比，这种基于模式表示的广泛适用性和可复用性具有明显的优势。基于前述章节的知识表示角度，这些表示是 OWL 2 DL 在众多领域功能性和可用性的体现，对本体性及以相关理论的正确性没有任何要求。这里需要重复强调的是，知识表示只是一种方式，我们的最终目标乃是借此不断地去近似现实。

二、交换行为的互易性

在一般性本体中，概念是定义更具体的和复合性的概念的基石，它们不仅是领域独立的、普遍适用的，而且必然是抽象的、简单的。在各种关于本体的研究中，研究者们越来越多地提倡在基础性的本体分类和更复杂概念之间进行清晰的区分。在法律本体中，存在这样一个既抽象又复合的概念：交易。这个概念在民事、商事语境中十分常见。交易将两个行为通过互易性约束联系在一起，同时互易性又通过行为属性的平等性和其他约束得以体现，从而形成了一种典型的菱形结构模式。

能够涵盖这些交互组合的通用用例是交换的概念。交换不仅渗透了物理、心理和抽象的变化，而且在很多大型常识性本体或法律本体中是一个不可避免的概念，并可以各种形式出现。例如，SUMO 本体中的“金融交易”定义。在各种类型的交换中，对象和过程等实体需要经历“属性值改变”“转移”“变形”这三种变化中的某一种。属性值改变是指实体属性取值发生变化，如交通信号灯变为绿色、汽车加速等；转移是指非实体的内在属性发生变化，如实体位置的改变、人的身份改变等；变形则是指实体的内在性质发生变化，如固态物理客体融化为液体。所有这三类变化都可以在交换的语境中发生。

但是，当考虑到互易性时，需要对交换附加额外的约束限制。例如，一个销售交易包括两个转移动作：买方收到一些他支付货款的货物，而卖方如数收到这笔货款并提供等价的货物。对于任何交换，互易性约束包括：

（1）主体一致性：两个反向改变行为的参与者是一致的。例如，货币支付者应是货物的接收者；货物交付者应是资金的接受者。

（2）客体平衡性：两个反向改变行为的对象，即所交换的对象，在某种程度上应具有可比性，并且是等价的。例如，货币的价值应该与商品的价值相平衡。

“位置”通常用于作为交换的隐喻。例如，商品和货币可以成为发生了位置改变。同样的比喻也适用于法律语境，例如，所有权是一种法律地位，而这种法律地位也伴随着互易性。也就是说，（拥有的）权利和（支付的）义务是对等的。

熟练的 OWL 使用者很可能在处理复杂、高度结构化的概念时，才会遇到真正的问题。通常，这些问题经常涉及面广，或解决起来困难重重，以至于我们需要求助于基于规则的表示。但是，这种解决方法并不可取，或者是应尽可能避免的。为了避免这种不同的形式化知识表示之间所导致的交互问题，需要将其中的某种表示的表达能力发挥到极致。

“交易”是一个具有代表性的复杂结构化概念。下面，我们以此为例，详细说明表示这一概念的方法，使最终的表示应该达到以下两个要求：

（1）识别性：能够正确地将某个具体的交易识别为交易类别的成员；

（2）强制性：当错误地断言交易类别的成员时产生一个违规。

该方法包括五个步骤：

步骤一：类定义初始化。

定义类别“交易”（Transaction）最直接的方法是首先定义类别“转移”（Transfer）作为其组成“部分”（Part）。类别“转移”应该具有一个属性“主体”（Actor）和一个属性“受体”（Recipient），并以类别“代理人”（Agent）的某个实例作为属性值，以及一个与类别“对象”相关联的关系“对象”：

$$\text{Transaction} \equiv \text{part some Transfer}$$

$$\text{Transfer} \equiv \text{actor some Agent} \cap \text{recipient some Agent} \cap \text{object some Object}$$

步骤二：属性取值限制。

显而易见，上述定义仅规定“转移”必须至少具有一个属性“部分”。我们可以进一步通过指定“交易”只能以“转移”的实例作为其组成部分，并对允许的“部分”属性数量进行基数限制，以微调此定义。然而，这种定义过于严格。因为它也不允许任何其他类别的实例作为“部分”的属性。在 OWL DL 1.0 版本中，摆脱这种困境的唯一方法是为类“交易”的属性“部分”引入一个特定的子属性“发生转移”。对于可以被推断为“交易”的实例，应使用属性“发生转移”来表示。由于在 OWL 2 DL 中引入了基数数目限制，我们可以定义一个“交易”应该恰好有两个“部分”属性：

$$\text{Transaction} \subseteq \text{part exactly 2 Transfer}$$

个体的识别只能通过等价公理结合属性的域和范围来实现。某些类型的限制不能用于个体的识别。由于开放世界的假设，某些类的属性基数的上界不能用来识别某个个体是否属于某个类别的成员，因为该个体是否具有该类型的其他属性是无法得知的。出于同样的原因，通用限制不能用于使用等价公理进行个体识别。

一旦确定了个体的类型，就可以使用更多的子类公理来推断个体的新属性，以使其与通过限制所表示的模式相一致。但是，当等价公理定义不充分时，这种方法是有问题的，因为太多的个体可能被推断为属于该类别的成员。通过这种方法，我们可以进一步将“交易”类细化为：

$$\begin{aligned} \text{Transaction} \quad & \equiv \quad \text{part some Transfer} \cap \text{part min 2 Transfer} \\ & \subseteq \quad \text{part only Transfer} \cap \text{part exactly 2 Transfer} \end{aligned}$$

当然，“交易”的这个定义是相当严格的，因为它不允许任何超过两个“转移”实例作为其部分。对于任何拥有两个以上“转移”的具体，推理机将推断其中一些“转移”的实例是相同的。我们可以通过细化“转移”的定义来克服这个障碍。例如，只包括那些参与某个具体“交易”的“转移”实例作为其部分。但是，简单地声明某个具体的“转移”属于某个“事务”的一部分，不会添加任何有益的新信息。尽管如此，要求任何“交易”（至少）应具有两个单独的“转移”，作为其一部分，可确保不会将未被断言为互不相同的个体作为“交易”的“转移”实例。

步骤三：角色的歧义消除。

接下来，我们把注意力转向“转移”类，我们以与定义“交易”类似的方式限制“转移”：

$$\begin{aligned} \text{Transfer} \quad & \equiv \quad \text{actor some Agent} \cap \text{recipient some Agent} \cap \text{object some Object} \\ & \subseteq \quad \text{actor exactly 1Agent} \cap \text{recipient exactly 1Agent} \cap \text{object exactly 1Object} \end{aligned}$$

实际上，“转移”的定义增加了问题的复杂性，因为它涉及不同的属性和不同的范围。然而，这种异质性允许我们放弃 owl:allvalues 公理，因为精确基数和存在限制的组合具有相同的效果。“转移”的复杂性在于需要一种方法来进一步区分“实施者”和“接收者”。上述定义可以确保我们至少有一个实施者和一个接受者以进行“转移”，但它没有排除这两者可能是相同的。采用在不同角色的代理人之间断言不相交的方法是不可取的，因为这排除了定义一个“代理人”类可同时满足两种不同角色的模型。不过，在 OWL 2 中引入了使属性扩展为不相交的能力。

步骤四：模型树。

到目前为止，我们对“交易”和“转移”的定义可以构成一个典型的树结构的模型。由于$\mathcal{SROIQ}^{(\mathcal{D})}$的树结构模型特性，我们无法进一步扩展这些定义来实施“实施者”和“接受者”须为不同个体的限制。但是，我们仍然可以推断出许多信息，并使用这些信息来进一步限制“交易”中的各个参与者。

我们首先将注意力置于两个在“转移”中出现的“对象”个体 O_1 和 O_2。正如我们前面所讨论的，这两个个体需要存在一个“价值”平衡，即交易中的货物与货款应该是平衡的。OWL2 DL 中的属性链可以使一个属性沿着一些相互连接的属性路径进行传播，因此我们可以引入“值类似”属性以连接交易的两个对象。

由于交易树模型的左右对称性，“值类似”属性因此具有对称性和自反性。也就是说，O_1 和 O_2 的“值类似”属性在两个方向同时存在，因此两个“部分”属性无法区分。同样，我们还可以定义一个对称的并且是可传递的“同一”属性，该属性用于表明两个个体共享标识。不过，属性链的约束过于笼统，这是因为它可以推断出参与“转移”的“实施者”和“接受者”之间具有“同一”属性。同样，这是由“交易”的两个“部分”属性的对称性造成的。

步骤五：不对称性引入。

如同在 OWL 2 语言一样，复杂属性（如属性链）必须相交，因此排除两个参与者被推断为相同模型的唯一方法是使树结构本身不对称。我们可以用两种方式做到这一点。

第一种方法是，我们可以通过使用两个不同的“部分”属性来消除树结构的左侧和右侧的歧义，从而使“交易”的一般定义在本质上是非对称的。但这种方法的缺点是过于任意性，并且使识别重复。第二种方法是，我们可以利用现有的不对称性，而不是强制实施不对称性，从而通过两个“转移”参与者的性质消除树结构两侧的歧义。这种解决方案的缺点是两个参与者都需要适当地区分，并且相同性只能通过这些参与者的特征来表示。换句话说，这种方法增加了表示的域依赖性。

两害相权取其轻，我们认为第二种方法的问题小于第一种方法。假设我们的交易是一种“销售交易”（Goods_Transfer），其中一些商品（Good）被兑换成一定数量的货币。我们可以利用这些信息来区分构成我们交易的两个转移，即“货物转移”（Goods_ Transfer）和“资金转移”（Money_ Transfer）：

$$\text{Goods\_Transfer} \equiv \text{Transfer} \cap \text{object some Good}$$

在此基础上，等价公理被用来描述涉及商品的转移个体。这样，我们可以使用“转移”的严验定义来强制“转移”与“实施者”和“接受者”之间的特定对象关系：

$$\text{recipient}_g \subseteq \text{recipient}$$
$$\text{actor}_g \subseteq \text{actor}$$
$$\text{Goods\_Transfer} \subseteq \text{recipient}_g \text{ some Agent} \cap \text{actor}_g \text{ some Agent}$$

“资金转移”和其属性可以做相应的定义。由于对转移的“参与者”和“接收者”有严格的基数约束，因此 DL 推理机可以推断，对于任何“货物转移”g 和“代理人”a，如果 g 的“实施者”是 a 然后 g，那么“货物转移”g 的“交货者”（actor_g）也是 a 。

三、多元关系与社会概念

关系实体化是形式化语言表示多元（二元以上）关系和社会概念的一种重要方法。一般而言，实体化的关系比原始的关系能够表达更为强大的本体承诺，但同时，原始的关系往往更易于实际使用。在本节中，我们将专题讨论法律本体中常见的两种关系实体化用例：多元关系的表示和社会现实的描述。

（一）多元关系

两个以上实体之间的多元关系表示是 W3C 的语义网最佳实践和部署（SWBP）工作组关注的重点之一。在 OWL-DL 中实现对多元关系表示所需的“最佳实践文档”源于两种不同情况的需求。一方面，由于 OWL 语言不提供直接表示多元关系的方法，因此许多其他表示语言内置了对这种关系进行表示的支持。需要一个好的文档为来自不同背景的用户解决互译问题。例如，形式化本体通常使用具有高表达性的一阶逻辑或其他允许定义此类谓词的语言来表示本体。另一方面，诸如 TopicMaps 10 语言又允许多主语关系。

为此，SWBP 工作组讨论了三种涉及多云关系的典型用例：

(1)“克莉丝汀患有乳腺癌的可能性很高。”

这个例子表明了“克莉丝汀”（人）和“乳腺癌”（病）之间的二元关系（“患有”）。此外，通过定性概率值（“很高”）将这种关系进行了描述。这种二元关系需要进一步的讨论。

(2)“史蒂夫的体温很高，但在下降。”

这个例子表明“史蒂夫”（人）的“体温”属性具有两个不同的取值：它的大小是“高”的，它的趋势是“下降”的。由于这两种二元属性总是一同出现，因此应该表示为一个多元关系。

(3)“约翰从 http://books. example 上花了 25 美元买了一本《狮子王》书，作为生日礼物。”

在这个例子种，“约翰”（人）、http://books. example. com（实体）和“《狮子王》”（实体）共同参与了同一个关系。此外，这个关系还有其他的组分：目的（生日礼物）和金额（25 美元）。

SWBP 工作组提出的解决方案是将这种多元关系表示为一个具有多个性质的类，从而将这种关系实体化。例如，Christine 和乳腺癌之间的“患有”关系可以表示为一个“诊断”类的实例，其属性“病”的值为“克莉丝汀_乳腺癌”，属性“概率”的值为“高”。同样，史蒂夫的“体温”可表示为一个“温度观测”类的实例，而约翰买图书的关系可表示为“购买”类的实例。对于第一个用例而言，这种解决方案类似于 UML 中的关联类，它用于直接表示两个类之间的关联（关系）。并且，关联类本身可以具有其他属性。但是，UML 关联类只能用于定义具有附加属性的二元关系。

但是，SWBP 工作组的解决方案并没有纠结这样一个事实，即这些用例都是基于一种先验的本体论承诺，其涉及的个体都是单一关系的一部分。这是由于在知识表示，尤其本体论中，存在一个相当明显的主张知识表示应与自然语言同构的倾向。而这种倾向在很大程度上得到了具有自然语言理解和语义学背景的研究者们的支持。对于他们而言，知识表示的主要作用在于准确地表示句子中表达的含义。而更大的影响力来源于本体论的哲学观点，即“存在”的范畴是人类认知的基础。而这种哲学观点在符号学中得到进一步的加强，也就是说，人类认知，或者更确切地说，人类思想的范畴，应通过自然语言来表达和传递。

将某些描述表示为一个关系通常是由一些通用的经验法则所指导的，即名词（或名词短语）表示概念，动词表示关系。此外，某些以“的”开头的名词（如“……的温度”）通常表示为属性，因为它们用于表示不能独立存在的描述。例如，温度必须是某个事物的温度。而且，介词开头的描述通常是某些关系的修饰语，而形容词，如“高”或“低”通常用于表示关系的属性值。

这些简单的经验法则被用于开发所谓的受控自然语言，以简化 OWL 语言的使用。典型的受控自然语言包括 Attempto 受控英语、Sidney OWL 语法和 Rabbit 语言。之所以要开发这些受控语言，一个主要的原因是自然语言本身是高度可变形的。以“克莉丝汀患有乳腺癌的可能性很高”这句话为例，我们可以使用多种不同的自然语言方式进行表述相同或类似的含义。然而，当我们采用 Brachman 规则时，这些表明相同含义的自然语言对应的模型解释可能变得显著不同。

前述例子的要点在于表明语言结构（如多元关系）应基于特定的本体承诺来有意识地决定。与语言表达中信息表达方式的直接关联，可能会导致对表达基础概念化没有做出这种本体承诺。反之，前述例子的实体化表示可以表明以下两个明确的本体承诺：

（1）对某些中间实体存在的承诺，通过这些中间实体，可实现多元关系的各种关联。

（2）对多元关系本身不可存在的承诺，这是因为中间实体和多元关系不能同时存在。但这并不排除中间实体关系之间可能存在的附加关系。

多元关系的实体化使领域知识可以被显式表示出来，但在原始的多元关系中这种知识是隐含的。例如，对于前述的每一个用例，实体化的多元关系只能是“诊断”“温度观测”“购买”。多元关系本身是对其底层概念结构的简化或概括。因此，OWL 语言中强制二元关系的限制，实际上提供了一种更为简洁的本体承诺。但也正是由于这种本体承诺，多元关系本身就不能在 OWL 中被表示出来。

（二）社会概念

实体化的另一个用例是构建法律本体所需考虑的意图性或法律层面的概念。根据 Valente 的常识性世界本体，法律概念可视为常识性概念的进一步抽象。这种抽象类似于将物理概念泛化为意图性和功能性概念的方式。这些意图性和功能性概念是一种社会构件，可以归因于原初事实，或作用于原初事实，并且不取决于人的共识而存在。

1. 角色表示

根据 Searle 的理论，制度性事实是通过构成性规则和规范性规则来构建的，其基本形式为：在某个上下文 C 的语境下，X 被“视作”（关系）为 Y。构成性规则和规范性规则的示例分别如下：

- 美国雕刻印刷局（C）签发的票据在美国（X）被视作货币（Y）。
- 就这部法律（C）而言，游艇（X）被视作房屋（Y）。

规范性规则是通过对某事物（如游艇）施加附加限制，以创建一个可以独立于该规则存在的制度性事实（游艇即房屋），构成习惯规则则是部分地决定了制度事实存在的可能性。显然，规范性规则的特征是具有约束性，而构成性规则的特点是定义性。此处所举例的“视作”关系在人工智能和法律领域均受到广泛关注。虽然“是作为”关系以与普通的“包含”关系看起来极为相似，但它们之间存在三个方面非常明显的区别：

（1）“视作”关系在本体上是主观的、与观察者相关的，因此要根据上下文来推断。它只适用于某一特定的环境，存在于由集体有意创造的构成性规则体系中。

（2）“视作”关系不可继承，也不允许规则的句法元素替换。例如，“金钱是万恶之源”这一说法，如与“美国雕刻印刷局签发的票据在美国被视作货币”相结合，也不能推导出“由雕刻印刷局发行的票据在美国被视作万恶之源”。这是因为“视作”关系的语境是有内涵的，制度性事实不能参照语境之外的陈述来确定。

（3）“视作”关系可用于连接反刚性类与刚性类。例如，“印钞局发行的票据”是刚性的，而“货币”是反刚性的。

“视作”关系的这些特征使它不能用“包含”关系来表示，因此“包含”关系是无上下文的、扩展的，并且受到其相关本体的限制。社会性的制度性事实可以层层累积，但最终需要以原始事实为基础。这种原始事实的逻辑优先与 Dennett 的分层理论相吻合，并与 LKIF 核心本体中的物理概念的首要性相一致。

具有意图性或功能性的社会概念的一个显著特点是语境依赖性，因此它们也被认为是原始事实与其语境之间的关系。一个经典的例子是“角色”具有关系和类的双重性。其中，Steimann 确定了三种表示角色的方法：关系中的命名位置、特化或泛化，或辅助实例。在这三种方法中，只有第一种和最后一种符合“视作”关系的内涵特征，并且只有后者与 OWL 直接兼容。

将角色表示为辅助实例意味着角色本身及其参与者被定义为两个不同的类，并且它们之间具有“被……扮演”的关系。因此，对于任何一次某个实体扮演某个角色情况的出现，都需要在描述逻辑的 Abox 中出现两个对应的个体。但是，这种角色表示的问题在于不够直观、表达过于冗长，并且角色扮演者、角色和上下文之间的关系被“扁平化”为角色扮演者和上下文之间的关系。这种方法在本质上是关系的命名位置方法，虽然在 OWL 语言中并不支持这种方法，但是通过将命名位置定义为相互反转的属性，可以达到类似的效果。将角色表示为关系的方法与将角色表示为类别的方法相比，由于不存在循环性，因此更具有吸引力。例如，如果把“学生”角色定义为类别，那么其很难与“（某个‘班级’）的学生”关系相区分。因此，采用这种方法来定义学生不可避免地会导致循环赘述。

2. 精神概念表示

除角色外，其他的主观和心理概念在司法等社会活动中也具有重要的作用。信念、意图和裁定等主观性命题都是司法案件表示的核心要素，尤其是人的意图。例如，具有“事先恶意”的心理状态是裁定为谋杀的前提之一。此外，如果某人的行为导致其他人持有了导致非法行为的信念，那么这个人可能需对另一个人的行为承担责任。

主观性命题不仅是针对观察者而言的主观性实体，而且具有与角色相似的关系特征。例如，在“张三相信李四杀了王五”这句陈述中，信念性命题的内容是“李四杀了王五”。同时，这句话可认为是李四与王五之间关系的实体化。然而，我们不能简单地说“李四杀了王五”的内容等同于信念，因为信念包含了两个要素：态度和内容。因此，这个例子更准确的表达应该是“张三对‘李四杀了王五’的命题持一种信念”，也就是说，“张三”相信“李四杀了王五”。在法律本体表示中，应该将信念的这种二元性表达出来，也就是将“主观性命题”（Propositional_Attitude）和“命题”（Propostition）加以区分地表示为：

$$
\begin{aligned}
\text{Propositional\_Attitude} &\equiv \text{towards some Proposition} \\
&\subseteq \text{Subjective\_Entity} \cap \text{Mental\_Object} \cap \\
&\quad \text{held\_by some Agent} \\
\text{Propostition} &\subseteq \text{Mental\_Object} \cap \\
&\quad \text{attitude some Propositional\_Attitude}
\end{aligned}
$$

$$
\begin{aligned}
towards &\sqsubseteq imposed\_on \\
attitude &\sqsubseteq counts\_as \\
attitude &\equiv towards^{-} \\
holds &\sqsubseteq context^{-} \\
held\_by &\equiv hold^{-}
\end{aligned}
$$

主观性命题是代理人（Agent）针对某个命题（Propostition）所持的主观性态度。其中，“针对”（towards）和“持有”（held）这两个属性是主观实体的属性的子属性。

对主观性命题的定义稍加改变即可定义“信念”。也就是说，将信念定义为主观性命题的子类并添加对应的标记性属性和属性链：

$$
\begin{aligned}
Belief &\sqsubseteq is\_belief\ some\ self \\
&\sqsubseteq Propositional\_Attitude \\
holds\ o\ is\_belief\ o\ towards &\sqsubseteq believes
\end{aligned}
$$

此外，某些主观性观点不仅是代理人的内在状态，而且是通过言语行为（Speech_Act）表达的外在化态度。对于这类外在化的主观性态度可以被进一步定义为“交流性态度”（Communicated_Attitude），如声明、断言和承诺。交流性态度的本质是一种表达（Expression）的传递，换言之，是一种需要通过媒介进行传播的命题：

$$
\begin{aligned}
Communicated\_Attitude &\equiv states\ some\ Expression \\
&\sqsubseteq Propositional\_Attitude \\
Speech\_Act &\equiv creates\ some\ Communicated\_Attitude \\
&\sqsubseteq Creation \\
states &\sqsubseteq imposed\_on \\
creates &\sqsubseteq object
\end{aligned}
$$

因为“创建”（Creation）是“行为”（Action）的子类，“言语行为”继承了“行为”对行为参与者（Actor）和行为结果（Result）这两个属性的限制。如果代理人创造了某个“言语行为”，那么就简洁地“说”（Utters）了一个“交流性态度”：

$acter^{-} \circ is\_speech\_act \circ creates \sqsubseteq utters$

在这里，“说”这个属性并没有被定义为上下文的逆子属性。因为，如果这样定义的话，上下文属性将成为一个复杂属性，将导致无法对其基数进行约束。为解决这一问题，我们可以通过将上下文属性打包到“说”的定义中来绕过这个限制。这是通过将“说”属性定义为上下文逆属性（context－）和标记性属性（is_communicated_attitude）构成的属性链的父属性来实现的：

$context^{-} \circ is\_communicated\_attitude \sqsubseteq utters$

这样，“说”属性可以通过两种方式来定义：通过言语行为的规范，或者通过明确的交流性态度的断言。但是，描述逻辑的树结构模型特效不允许强制同时应用两种不同方法推断“说”的行为是由同一个代理人发出的。谓词需要模拟“owl:sameAs”属性扩展为“same_id_as”属性，即：

$actor^{-} \circ is\_speech\_act \circ creates \circ utters^{-} \sqsubseteq same\_id\_as$

这个新定义的属性可以用来表达各种其他的沟通性态度，如声明等。例如，“声明”类可定义如下：

$$\begin{aligned} Declaration &\sqsubseteq is\_declaration\ some\ self \\ &\sqsubseteq Communicated\_Attitude \end{aligned}$$

其中，标记性属性“是声明”（is_declaration）用于定义“声明”属性（declares）：

$utters \circ is\_declaration \circ states \sqsubseteq declares$

（三）谓词化表示

前面所讨论的社会概念和多元关系的表达都涉及对两种不同的表示方法的本体承诺，也就是说，要么采用面向关系的方法，要么采用以类为中心的表示方法。但是，采用面向关系的方法对于多元关系而言，无法在OWL语言中得到支持。在许多情况下，采用以类为中心的方法在本体语义上更加简洁，但也更加冗长。因此，对于许多实际应用来说，从艰涩的本体承诺中抽离出来是非常有用的，或者说使用起来更加简单方便。这种从本体承诺中抽离的过程实际上与前述的实体化刚好相反。实体化将一个二级实体（“关系”或“属性”）重新定义为一个一级实体（“类”）；而谓语表示则是将一个一级实体“隐藏”为一个二级实体。如前所述，多元关系的表示通常隐藏了本体承诺。因此，从精确但冗长的本体表示中总结出或推理出其微词化表示，对于本体复用来说是非常有用的。因为在这种情况下，复用本体可以只复用简化后的属性，而不必关注烦琐的本体承诺。

我们在此处所讨论的实体化与第三章所讨论的RDF语言的物化，有相似之处，但也存在很大的不同。在此，我们结合RDF对物化过程的单一解释，说明RDF的物化与谓词化的不同之处：

● 在RDF中，对于任何属性，都可以存在一个rdf：Statement语句来对其进行物化，但反之则不成立。也就是说，对于一个给定的rdf：Statement语句，并不一定可以将其分解为主句和指定类型的谓词或关系。这意味着RDF没有足够的表现力来支持使用单一机制进行实体化和谓词化。

● RDF的物化对于被重新定义的关系的类型并不区分，但实体化的使用仅限于多元关系和构成规则。

● 虽然RDF可以被理解为是OWL语言的序列化，因此也可以说OWL语言支持RDF的物化机制。但在OWL公理中不能使用物化的RDF语句，因为这样会破坏OWL DL语言的表达约束。

因此，为了表达对物化关系的谓语化操作，需要从社会角色建构的角度阐述实体化和谓词化一般性原则。并结合多元关系和其他主观结构说明这种一般性原则的使用方法，从而允许本体简洁表示的最大可用性。

该方法包括五个步骤：

步骤一：类定义的初始化。

此处我们以一个简单但有代表性的社会规则定义为例：某个人（Person）如果在某所大学（University）里注册了，这个人就是一个学生（Student）。使用Searle的“视作”规则，这个例子可以表达为：某个人（*X*）可视作学生（*Y*），如何这个人在某所大学里注册（*X*），将这个定义转换成OWL公理，则是：

Student ≡ played_by some Person ∩ context some University

步骤二：约束和角色歧义消除。

上面的定义不限制作为上下文和“视作”属性有效取值实体数量和类型。为此，我们可引入 LKIF 核心本体中的主观实体类（Subjective），以导入相关的限制。主观实体是指一个实体通过“视作”规则定义在另一实体之上：

Subjective_Entity ≡ imposed_on some owl:Thing ∩ context some owl:Thing

⊆ imposed_on exactly 1owl:Thing ∩ context exactly 1owl:Thing

imposed_on ≡ counts_as⁻

在这个“主观实体”的公理定义中，通过等效类和子类的方式确保在归属于某些上下文中的任何实体既被认为是“主观实体”，同时也强制要求是在单一上下文中归属的一个实体。

我们以类似的方式对“社会角色”进行定义：社会角色是一种只能在单一的语境中由单一主体扮演的角色，它继承了对主观实体中“扮演者”（played_by）和上下文属性的基数限制。其中“扮演者”的属性可定义为“视作”属性的子属性“扮演”的反值，其相关公理定义是：

Role ≡ played_by some owl:Thing

⊆ Mental_Entity

Social_Role ⊆ Role ∩ played_by some Agent

played_by ≡ plays⁻

played_by ⊆ imposed_on

plays ⊆ counts_as

如果我们基于这些公理，那么学生的角色可定义为一种社会角色的子属性，即：

Students ⊆ Social_Role

在此，我们遇到了与前述“交易”定义相同的问题。也就是说，虽然我们对“人”和“大学”这两个实体是如何联系在一起的并没有明确的阐述，但从对“扮演者”和上下文属性的基数限制，我们可以推断由于“学生”是社会角色的子属性，因此“人”类必须是“代理人”的子类。但是，对于“大学”是否也是一个“代理人”的子类并没有明确的约定。这意味着“大学”可以在其自身的上下文中也是一个“学生”。但是，基于我们的领域知识（我们对“大学”概念的理解），这种情况是不可能发生的。因此，我们可以通过使两个实体不相交来消除“大学”与“人”之间的歧义。这里需要注意的是，上下文和原始事实之间的这种歧义消除是种全局性的限制，例如，在 LKIF 本体中，“附加于”（imposed_ on）属性和上下文即被定义为不相交的。

步骤三：模型树遍历。

如前所述，“学生”角色由“大学”上下文中的“人”扮演这种结构可以构成一种实体化的关系，表达了大学与人之间的学生关系。这种关系实体化可以直接定义为简单的属性链包含公理，以模拟各自的命名位置：

$$context^{-} \circ play^{-} \sqsubseteq student$$
$$plays \circ context \sqsubseteq university$$

基于这个定义，任何的描述逻辑推理机制均可推断出大学和人之间的“学生”关系及其逆关系。因为在角色包含公理中，属性链是属性的一个子属性，所以总结受到与 RDF 物化相似的限制，但方向正好相反。在谓词化中，我们只能根据实体化结构来推断关系；而在 RDF 物体化中只可根据关系来推断实体化结构。此外，谓词化不能用来表达相同语义的类（学生）和关系（学生）之间的谓词关系。

步骤四：引入领域依赖性。

但是，对于我们的例子而言，这种角色包含的公理过于概括，因为它将推断通过角色连接的任何上下文和原始事实之间的关系。摆脱这种困境的方法是根据“学生”类结构的某些特殊元素来定义“学生”关系，即引入领域依赖性。

有两种方法可以实现领域依赖性：一是通过凝练相关的属性；二是使用“自约束”（self）。

第一，属性凝练。在上述学生角色的例子中，我们可以通过下面的公理来进一步改进“学生”定义中的相关属性：

$$\begin{aligned} Student &\sqsubseteq student\_context\ some\ Universtiy \sqcap \\ &\quad student\_played\_by\ some\ Person \\ student\_context &\sqsubseteq context \\ student\_played\_by &\sqsubseteq played\_by \end{aligned}$$

基于对上下文和“视作”属性的基数限制，“学生上下文”（student_context）属性和“作为学生”（student_played_by）属性分别与“学生”类实体的上下文和“扮演者”属性相对应。由于对领域相关属性的限制只在子类公理中定义，因此推断“学生”类的个体并不依赖于上下文和“扮演者”属性。因此，“学生”属性可定义为：

$$student\_context^{-}\ o\ student\_played\_by \sqsubseteq student$$

这种方法的主要缺点是，对于每种类型的角色，我们需要为其中的每种属性添加一个领域的相关属性和公理。此外，这些与领域相关的属性只能在定义的角色中局部使用。在“学生”的定义中使用等价而非包含并不适合，因为这可能使“学生”类的领域独立性和依赖性限制等价。

第二，自约束。另一种更为简洁的方法是引入一个可唯一标识 RBox 中某个类的属性，以减少 Tbox 和 RBox 之间区别的问题。例如，对于我们的“学生”角色而言，我们可引入“是学生”（is_student）属性，它将把任何学生个体与其自身联系起来。为此，我们可以通过在“学生”类上定义一个“自约束”（self）来实现：

$$Student \sqsubseteq is\_student\ some\ self$$

任何通过“是学生”属性与其自身相关联的个体将被识别为“学生”类的实例，而任何被断言为“学生”的实例个体都将通过该属性与其自身相关联。从而，我们可以将“学生”的谓词化公理定义如下：

$$context^{-}\ o\ is\_sudent\ o\ played\_by \sqsubseteq student$$

类似地，“大学”的谓词化属性可以通过上下文属性和“扮演者”逆向属性来表示。同属性凝练方法一样，自约束方法在等价公理方面也受到同样的限制。一般而言，意图性和功能性社会概念的属性难以独立地定义。一种可行的解决方案是对社会概念的上下文给出更具体的定义。例如，一组通常与学生相关的行为等。此外，使用标记性属性（如“是学生”）表明了社会性概念是通过有意识的行为所建立的理论。

$$
\begin{aligned}
\text{Subjective\_Entity} &\equiv \text{imposed\_on some owl:Thing} \cap \text{context some owl:Thing} \\
&\subseteq \text{imposed\_on exactly 1owl:Thing} \cap \text{context exactly 1owl:Thing} \\
\text{Role} &\equiv \text{played\_by some owl:Thing} \\
&\subseteq \text{Mental\_Entity} \\
\text{Social\_Role} &\subseteq \text{Role} \cap \text{played\_by some Agent} \\
\text{Student} &\equiv \text{context some Universtiy} \cap \\
&\quad\ \text{played\_by some Person} \\
&\subseteq \text{Social\_Role} \\
&\subseteq \text{is\_student some self} \\
\text{imposed\_on} &\equiv \text{counts\_as}^{-} \\
\text{played\_by} &\equiv \text{plays}^{-} \\
\text{played\_by} &\subseteq \text{imposed\_on} \\
\text{plays} &\subseteq \text{counts\_as} \\
\text{context}^{-} \text{ o is\_sudent o played\_by} &\subseteq \text{Student} \\
\text{plays o is\_student o context} &\subseteq \text{University}
\end{aligned}
$$

步骤五：双关语。

针对社会角色所定义的主观实体的属性和类的名称可以是相同的。OWL 2 双关语允许我们可以根据命名实体的使用方式对其对象或类进行相同的命名。因此，诸如“学生”这样的角色既可以命名为属性，也可以命名为类，但不会对本体承诺造成影响，并且不会因使用过于冗长的词汇表给本体的用户增加额外的负担。

本章节所讨论的谓词化模式的广泛用例清楚地表明其适用性具有较为深远的意义。如果没有谓词化模式，那么在面向关系或面向类的知识表示之间进行选择势必涉及重要的本体承诺问题。尤为重要的是，对于任何用例，都必须按照一事一议的方式进行选择。结果是，在某个本体中通常形成面向关系和面向类的两种不同方法的混合体。

在使用 OWL 2 的具有高度表达性的应用中复用大型法律核心本体（如 LKIF 核心本体）极具挑战性，这是因为现有的大型法律核心本体中本身具有大量复杂的类公理。而谓词化可以将关系的简洁性与本体中通过详细的类定义所表达的本体正确性结合起来。通过谓词化属性直接创建类公理，可以构造轻量级的本体。由此产生的本体既具有严格的本体承诺，表达又更为简洁。虽然谓词化属性的定义在原始本体中很复杂，但是轻量级本体中它们的表示是简洁的。因为在复用的轻量级本体中不涉及任何基数约束，也不会在谓词属性基础上定义其他的表示性属性。

四、变化与序列

实体的序列表示是许多领域的核心问题。序列可以看作通过物理方式或概念上的连接结构。例如，一个飞机飞行了一次途经三个机场的航线，那么这个飞机与机场之间的多元关系即一种序列。同样，序列在数量的定性表示中起着重要作用，如相对速度或温度。序列在表示任何与时间和变化有关的事物时尤为重要，因为时域关系就是具有一个有方向性的序列结构。因此，感知到的事件的时间顺序是我们与现实中的顺序关系相互作用的产物。顺序取决于实际过程如何相互作用。如果一个事件的发生是另一个事件发生的必要和充分条件，那么这个过程即蕴含了与时域顺序相一致的因果关系，也就是说，因果关系是时域序列的关键。

与属性的传递性不同，OWL 语言并没有提供表示序列的内置构造。虽然 OWL 2 包含了表示时间的“owl:datetime”数据类型，但这种面向数据类型的表示方法在表示序列时并非总是适用的。例如，生物化学所关注的蛋白质分子序列问题。因为蛋白质是氨基酸的序列，可根据其所含的氨基酸序列模式进行分类和检索。Drummond 等提出一种基于列表数据结构（rdf: List）的序列设计模式，可表达蛋白质所包含的序列模式，对蛋白质进行分类。Villanueva-Rosales 和 Dumontier 提出的基于 OWL 语言的功能组序列表示也具有类似的目的。领域专家通过部分分子结构之间的相互作用来描述大型碳基分子化合物的化学性质。尽管我们可以假设将这种分裂简单地表示为从功能组到代表类别（甚至是自定义数据类型）的映射，但这会导致丢失很多语义信息，无法再充分地表示功能组本身。类似地，虽然以时间点或时间间隔表示的时间是一种直接的数据类型映射，但这种方法本身并不适合用于定义事件在时域上的出现。

（一）因果关系

因果在几乎所有科学学科中都具有核心作用。在科学语境下，它的使用都比日常情况下更为精确。例如，人们通常将因果与协方差、相关性和巧合相区别。但从本质上讲，这些概念在解释事件之间依赖性的能力上没有区别。Lehmann 和 Gangemi（2007）详细讨论了“因果”（Causality）和“因果关系”（Causation）这两个既有联系又有区分的概念；他使用术语“因果性”来表示本体论观点，使用术语“因果关系”表示因果的发生。因果的定义是哲学形而上的一个重要问题，并且已经延续了很长的时期。哲学主要关注的因果是什么，即它关注的是关于因果的存在和性质等本体论问题。而认识论所关注的是我们如何知道现实世界中因果关系的发生，并且如果我们知道了因果的发生后，我们能够从两个事件之间的因果关系中得出什么样的推论。

因果关系是一种抽象的概念，是一种对显式的定性化相关关系的概括。理解因果关系涉及从过程的角度理解事件之间的关系。在此，过程起到一种中介的作用，可以被认为是一种依存关系，即事件之间的因果关系。因此，因果关系即可以用一个（子）过程来解释，这个过程由一个较当前事件更早的或同时发生的事件所隐含的。举例而言，当我们察觉到两个台球的碰撞后，我们的物理学知识可以让我们推理由于碰撞使力从移动的球转移到静止的球上，因此导致第二个球移动。这就是物理中一种常见的因果关系。

从这一观点出发，我们可以进一步发现许多领域都普遍存在各种不同的因果关系，例如，法律领域中的责任分担。一般来说，我们可以区分两种类型的因果关系：描述物理过程的物理因果关系和描述理性代理人行为的代理因果关系。此外，法律理论还引入了两种额外的因果关系形式：一是人际因果关系，它描述了一个代理人可能对另一个代理人产生的影响；二是消极因果关系，它描述了代理人的不作为（如渎职）与其影响之间的关系。

（二）因果推理

在人工智能中，因果推理一直是许多领域的主要研究对象。在这方面的前期主要工作有基于概率表示的形式化因果推理、定性推理和基于模型的推理、多代理系统中的代理因果推理，以及基于本体的推理。

1. 形式化因果推理

在人工智能中，Pearl（2000）提出的形式化因果推理也称为“计算因果”，是一种全面的对物理事件应果关系的显式建模。形式化因果推理是事件之间可量化依赖性的贝叶斯概率模型。例如，它可用于建模使用药物对患者的影响。这种因果关系的建模方法符合传统的科学路径，能够以一种有依据的、形式化的方式识别原因。这种因果方法也可用于基于概率的案件法律推理，例如，因使用某些工业产品而造成健康损害的索赔案件。但是，这种方法并不特别适合用于定性的因果关系概念。Pearl 将其主要关注的定量应果关系定义为“事实因果”，事实因果的探索性工作旨在对因果依赖性进行正确的形式化建模，而不是定性的常识性推断。

2. 定性推理和基于模型的推理

因果关系推理的动力源泉是对系统结构和行为进行建模所涉及的表示和推理。定性推理（Qualitative Reasoning，QR）最初是作为常识推理的一种方法。在定性推理中，系统结构模型用于模拟“变化”（包括系统自身的结构变化）在系统中的传播。这种传播会产生一系列事件，这种事件序列可以在给定初始状态下对系统的行为做出预测。在定性推理中，事件由“影响”和“比例”这两种关系属性连接。“比例”关系代表事件的属性值之间具有固定的依赖性。例如，一种物质体积的变化与它的重量变化呈线性关系。“影响”关系代表事件的属性值之间的实际因果关系。例如，热源的接近会影响物体的温度。这些因果关系本质是一种过程，可表示为模型片段。定性推理十分适合于模拟已知且稳定的物理结构。例如，基于模型的推理（定性推理的一个应用分支）主要用于设备系统的表示和诊断。尽管定性推理技术早已用于物理以外的其他领域，如生态和社会系统建模，但它仍然仅限于纯粹的物理因果关系。定性推理无法建模代理，以及由代理所启动的过程。此外，由于在定性中具有核心作用的模型片段是高度结构化的概念，因此无法在 OWL 中直接表示。

3. 代理因果推理

代理的因果关系不仅由原因（Causes）解释，还由理由（Reason）解释，特别是执行一项行为的意图。“意图”这个概念虽然最近才出现，但它与“因果”一样，引起了广泛的哲学争议。在人工智能中，“意图”这个概念已经被可操作化以建模行为，尤其是人工智能代理之间的“通信”行为。这些代理进行交流所使用的语言提供了表示信仰状态、行动、计划、数据等的构件。其中，最具代表性的例子是 Georgeff 等（1999）的

BDI（信仰、愿望、意图）模型。BDI 模型是代理（包括人）内部工作机制的一种表示，旨在帮助人们更好地理解意图如何影响行为。尽管如此，代理技术并不能用于检测常识性因果关系，以及物理应果关系。

4. 本体推理

因果关系是一系列可能非常简单的事件，但它们可能会改变一个物体的某一个方面。在这些事件之间，存在三种依赖关系：结构依赖、因果依赖和条件依赖。物理因果关系是指满足因果关系和间接约束的两个独立事件之间的关系。最早出现的本体表示的因果关系是 DOLCE 本体中的物理因果关系。DOLCE 本体对独立事件之间的因果依赖和条件依赖进行显式表示，并可将不同的事件描述分类为不同的事实物理因果关系的实例。但是，DOLCE 本体的因果表示不涉及物理理论，也就是说，对因果关系的表示没有使用领域知识来表达。例如，一个状态的语义并不反映其内在结构，而仅通过名称来表示。这意味着人们无法了解处于该状态的本质性物理含义。而基于领域知识表示的缺乏使这种方法无法解释因果关系的存在性，也就是说，事件之间的因果关系是断言式的，而不是基于领域知识的推断。基于这种断言式因果表示的系统在处理不完全知识时缺乏足够的灵活性，因为这种系统只能用于在充分定义的模型上推断因果关系的传播。

（三）因果表示

本节介绍一种表示因果关系的事件线性顺序描述方法。这种方法通过捕捉因果关系的顺序性，使其具有与传递性类似的表达能力。该方法所遵循的原则是，一个可以通过领域知识表示的对象的状态序列即一个过程。过程之间的相互作用是确定因果关系的必要和充分条件。在此基础上，结合对象状态和过程的顺序性，我们可以进一步推断其中蕴含的时间关系。

该方法包括以下三个步骤：

步骤一：类定义初始化。

事件和状态都要发生于某个确定时间和地点，即它们存在于地理空间和时间共同构成的四维空间中。因此，在该空间中事件发生的时空坐标决定了因果关系存在的可能性，也就是说，因果关系的传播受限于时间和空间的约束。

“变化”（Change）这个概念的内涵表达的是一个具体的变化发生前后的差异，因而涉及“条件”（requirement）和“结果”（requirement）。一个特定的结果可能是不同实体组成的任意有效组合。由于这些实体能够组合在一起，因此它们必须是相关联的，也因此它们可以被 OWL 类描述所表示。基于上述讨论，在定义“变化”所需“条件”和“结果”时，一个“变化”的特定实例（事件）须与某个对象的个体相关联。而“过程”类则是由其他“变化”所组成的“变化”，但反之则不成立。

因此，我们可以对“变化”类和“过程”类的定义做如下初始化：

$$
\begin{aligned}
\text{Change} &\equiv \text{requirement some owl:Thing} \cap \text{result some owl:Thing}\\
&\subseteq \text{requirement exactly 1} \cap \text{result exactly 1}\\
&\subseteq \text{at some 1Place} \cap \text{at some Temporal\_Occurrence}\\
&\subseteq \text{part only Change}\\
\text{Process} &\subseteq \text{Change}
\end{aligned}
$$

步骤二：时域顺序定义。

通过上面的公理，我们可以给出因果关系和时域关系的基础定义。例如，假设存在两个具体的“变化” c_1 和 c_2，并且 c_1 中存在一个部分 c_1'，c_2 中存在一个部分 c_2'，并且 c_1' 的结果 o_2 同时是 c_2' 的条件。也就是说，c_1' 是引起 c_2' 的“直接原因”（causes_ directly），因此也可以说 c_1 是引起 c_2 的“原因”（causes）。这两种因果关系可以通过下面两个角色包含公理定义：

$$
\begin{aligned}
\text{result o requirement}^- &\subseteq \text{causes\_directly}\\
\text{causes\_directly} &\subseteq \text{causes}\\
\text{part o causes o part}^- &\subseteq \text{causes}
\end{aligned}
$$

此外，一个“变化”的“条件”和“结果”之间应当存在“之前”（before）和“之后”（after）两种时域上的顺序关系：

$$
\begin{aligned}
\text{at}^- \text{ o result}^- \text{ o requirement o at} &\subseteq \text{after}\\
\text{at}^- \text{ o requirement}^- \text{ o result o at} &\subseteq \text{before}
\end{aligned}
$$

这个包含公理允许我们推断某个时间间隔（或时间点）在另一个时间间隔（或时间点）之前（或之后）。但是，由于一个“变化”应该对其条件和结果都产生影响，因此还需要定义两个不同的时间间隔（或时间点）发生重叠（overlaps）的关系：

$at^{-} \circ requirement \circ at \subseteq overlaps$

$at^{-} \circ result \circ at \subseteq overlaps$

同时为了避免一个“变化”的“条件”与其“结果”相同的可能性，可规定“条件”属性和“结果”属性应是不相交的。在此基础上，我们可进一步将“流程”定义为涵盖（covers）所有相关联的“变化”所蕴含的“间隔”：

$at^{-} \circ part \circ at \subseteq covers$

“过程”的空间关系也可以以类似的方式定义。

步骤三：角色歧义消除。

基于前面的“原因”属性的定义，我们可以将“过程”进一步明确定义为一类因果变化：

$$\begin{aligned} Process &\subseteq Change \cap causes\ some\ owl{:}Thing \\ &\subseteq part\ only\ (Change \cap causes\ some\ owl{:}Thing) \end{aligned}$$

然而，这一定义却是一个因果关系的变化而不是某个“过程”的一部分成为可能。但是，因果关系并不能独立于过程而存在。一些“变化”是不是因果关系取决于它是不是一个“过程”，或者是一个“过程”的一部分，而不相反。因此，“原因”应满足这一约束的限制。我们可通过包含标记属性“是过程”（is_process）来进一步修正“过程”和“原因”的定义：

$Process \subseteq is\_process\ some\ self$

$is\_process \circ part \circ causes \circ part^{-} \circ is\_process \subseteq causes$

通过上面的属性链可以推断出两个“过程”之间的因果关系，但它没有表明这些过程中的变化之间的因果关系。谓词，我们需要进一步定义“因果变化”（Causal_Change）类和标记属性“是因果变化”（is_causal_change），通过这两个定义可以捕捉作为过程一部分的因果变化。因此，“过程”的定义可进一步修正为：

$$
\begin{aligned}
\text{part\_of} &\equiv \text{part}^{-} \\
\text{Causal\_Change} &\equiv \text{part\_of some Process} \\
&\subseteq \text{is\_causal\_change some self} \\
&\subseteq \text{Change} \\
\text{Process} &\subseteq \text{is\_process some self} \\
&\subseteq \text{Change} \cap \text{causes some owl:Thing} \\
&\subseteq \text{part only Causal\_Change}
\end{aligned}
$$

这个定义意味着任何因果变化都属于某个过程，并且，过程只包含因果变化。此外，我们可通过属性链包含公理定义因果变化之间的因果关系（causes）：

$$\text{is\_causal\_change o causes\_directly o is\_causal\_change} \subseteq \text{causes}$$

“因果关系”的传递性使我们能够推断因果传播，也就是说，因果关系既可以通过“‘条件’—‘结果’”链传播，也可以通过一个“因果变化”链的连接过程进行传播。

通过上面的公理定义，我们可以推断“变化”和“过程”之间的“因果关系”，但其前提是我们已知某些“变化”构成了一个“过程”。为此，我们需要能够定性地区分不同类型的“过程”。由于“过程”的本质定义是“变化”的序列模式，因此这种方法需要我们具有“因果变化”序列的属性链表示的先验知识。

五、行为的表示

在司法案件中，人的行为是表达案件情节的基础，也是司法裁判的重要依据。但同时，“行为”也是一种复杂的语义概念，它汇集了前面所述的多元关系、意图、过程等多重语义模式。例如，“交易”是一个涉及两个相向交换行为的概念。而在民商案件中的“购买”就是这样一种典型的交易，其语义是一种单一的实体化的多元关系，它的表示涉及对交易参与者之间不同关系的推论。此外，行为还可以看作某个代理在某种意图的驱动下开启的一个过程。换句话说，行为是一种施加于某个过程的主观实体。由于行为和过程之间的联系在某种程度上是十分紧密的，因此代理与其行为后果之间的联系被认为是一种因果关系。从这个意义上说，将“原因”和“理由”进行区分是十分重要的。例如，“张三因为生气而打了李四”这句话解释了张三打李四的理由，但不是说“生气”和“打人”之间具有因果关系。

从表面上看，行为是一种过程，因此应该被定义为“过程”的一个子类。然而，Breuker 的相关工作表明，语言表达的表层结构是对更复杂概念结构的一种具有欺骗性的简单抽象。这个结论是基于对人们读代词（如“它”）并找到它所指代的对象时发生的心理过程的分析。受试者在进行这种指代分析时的反应时间差异表明了他们头脑中存在的概念结构。从概念结构的角度上，“行为”可以表示为不同的主题角色直接的关系，这些主题角色包括“参与者”（Actor）、“对象”（Object）、“工具”（Instrument）、“位置”（Location）、“接受者”（Recipient）、“主题”（Theme）等。多年来，许多行为与主题角色之间的关系已经被研究过，而且仍在不断地深化之中。Breuker 等（2004）的研究证实了 Schank 和 Abelson（1975）的概念依赖关系图（或称为脚本）的结构。并且，Breuker 等认为，主题角色与行动之间的关系具有三个层次：

第一级包括“代理”和“对象”角色，这些角色是行为的核心概念。

第二级包括“接受者”和“位置”等角色。这些角色既可作为行为的先行，也可作为行为的后续，例如“从……位置”与“到……位置”。

第三级包括“工具”等角色，以反映行为所必需的从属状态或从属行为。

“行为”是一种主观实体，而不是过程的另一个原因。“行为”既可以表示非常简单的语义，如“屠夫切肉”，也可以是非常复杂的语义，如“屠夫为这位和蔼的老人用刀把肉切成大小适中的肉块”。这个句子的语义表达的是行为的结构和行为的意图，但却不是过程的结构和过程的因果关系。最后，行为可以仅仅是想象之中而不实际发生在现实中的事件（如规划），这也表明行为是一种精神实体，而不仅仅是一个过程。

由于“行为”最根本的主题角色是其“参与者”和“对象”，并且只有“代理”才能成为“行为”的“参与者”，以及“行为”可能施加于一个“过程”（Process）。因此，我们将“行为”（Action）类的定义初始化如下：

$$
\begin{aligned}
\text{Action} &\equiv \text{actor some Agent} \sqcap \text{object some owl:Thing} \\
&\sqsubseteq \text{Subjective\_Entity} \sqcap \text{actor only Agent} \sqcap \\
&\quad \text{imposed\_on max 1 Process} \\
\text{object} &\sqsubseteq \text{participant} \\
\text{actor} &\sqsubseteq \text{participant}
\end{aligned}
$$

在这个“行为”的初始定义中，它对所涉及属性的基数限制并不严格。这是因为我们可以通过使用角色包含公理推断行为中的各种“角色”。此外，由于某个角色可能会在一个过程的多个阶段反复出现，因此也说明不适于对角色进行数量限制。但是，我们仍然需要要求主题角色之间的不相交性，例如，需要对“接受者”和“参与者”进行区分。但是，主题角色的不相交性并不是通用要求，因为有可能发生某个代理可以对自己实施某种行为。

由于无法基于行为的过程描述自动识别行为的主题角色，因此需要明确地标记属性以标识主题角色。首先，对“对象角色”（Object_ Role）和“参与者角色”（Actor_ Role）的类定义应包括相应的标记属性：

$$
\begin{aligned}
\text{Thematic\_Role} &\sqsubseteq \text{Role} \\
\text{Object\_Role} &\sqsubseteq \text{Thematic\_Role} \sqcap \text{is\_object\_role some self} \\
\text{Actor\_Role} &\sqsubseteq \text{Thematic\_Role} \sqcap \text{is\_actor\_role some self}
\end{aligned}
$$

其中“是对象角色”（is_ object_ role）和“是参与者角色”（is_ actor_ role）是“是角色”（is_ role）标记属性的子属性。基于某个行为和过程之间的“施加于”的关系，以及主题角色同时也是过程的因果结构的一部分的情况，我们可以进一步推断行为的“参与”（participant）属性：

$$
\begin{aligned}
\text{imposed\_on} \circ \text{is\_process} \circ \text{part} \circ \text{is\_change} \circ \text{requirement} &\sqsubseteq \text{participant} \\
\text{imposed\_on} \circ \text{is\_process} \circ \text{part} \circ \text{is\_change} \circ \text{result} &\sqsubseteq \text{participant}
\end{aligned}
$$

同时，由于“参与者”和“对象”角色的扮演者只能通过它们所扮演的角色来决定。因此，主题角色需要通过其角色的扮演者进行逆定义：

$$
\begin{aligned}
\text{Object\_Role} &\sqsubseteq \text{played\_by only (is\_object some self)} \\
\text{Actor\_Role} &\sqsubseteq \text{played\_by only (is\_actor some self)}
\end{aligned}
$$

从而使每一个特定主题扮演者都通过一个标志性的属性与其所扮演的角色相关。进而，可以通过以下属性包含公理来定义“参与者”和“对象”属性：

$$
\begin{aligned}
&\text{participant o is\_object} \subseteq \text{object}\\
&\text{participant o is\_actor} \subseteq \text{actor}
\end{aligned}
$$

根据前述对“主观实体”的定义（“行为”和“角色”是其子类），主观实体仅在特定的上下文中存在。但是，由于每个“主观实体”只能存在于一个上下文中，我们不能通过属性链来定义上下文。为此，我们需要定义“动作上下文”属性（action_context），以解决这个问题：

$$
\begin{aligned}
\text{Action} &\subseteq \text{is\_action some self}\\
\text{participant o plays} &\subseteq \text{action\_context}^{-}\\
\text{is\_action o context}^{-}\text{ o is\_object\_role} &\subseteq \text{action\_context}^{-}\\
\text{is\_action o context}^{-}\text{ o is\_actor\_role} &\subseteq \text{action\_context}^{-}
\end{aligned}
$$

“动作上下文”属性可以从另外一个角度重新对“对象”和“参与者”属性进行定义：

$$
\begin{aligned}
\text{action\_context}^{-}\text{ o played\_by o is\_object} &\subseteq \text{object}\\
\text{action\_context}^{-}\text{ o played\_by o is\_actor} &\subseteq \text{actor}
\end{aligned}
$$

根据 Schank 和 Abelson 等的理论，“工具”与“行为”之间没有直接的联系，而是从属行动的“对象”。基于一个“对象”与“工具角色”之间的角色关系，我们可以通过属性链来定义“工具”（instrument）属性：

$$
\begin{aligned}
\text{Instrument\_Role} &\subseteq \text{Thematic\_Role} \cap \text{is\_instrument\_role some self}\\
&\quad \cap \text{played\_by only} \cap (\text{is\_instrument some self})\\
\text{instrument} &\subseteq \text{participant}\\
\text{is\_action o part o is\_action o participant o is\_instrument} &\subseteq \text{instrument}\\
\text{is\_instrument\_role o context o part}^{-}\text{ o is\_action} &\subseteq \text{action\_context}\\
\text{is\_action o part o is\_action o actor} &\subseteq \text{actor}
\end{aligned}
$$

$$actor^{-} \circ part \circ is\_action \circ actor \subseteq same\_id\_as$$

“工具”角色的“行为上下文”即他们作为间接参与者的“行为”。由于从属行为的“参与者”同时也是主要“行为”的“参与者”，因此它们可以共享同一标记（same_id_as）。

最后，我们还需要考虑“意图”（Intention）在“行为”中的作用。如前所述，“行为”是在“代理”的“意图”驱动下，施加于“过程”上的“主观实体”。换言之，“意图”规划了“行为”，从而执行了一个“过程”。但是，不能简单地将“意图”和“行为”等同化，因为代理有可能规划但未实施某个行为，同时“意图”的内容与“过程”也可能不完全一致。总之，“意图”仅仅存在于其行为人的头脑中，但“行为”则不然。

因此，为了将“意图”与“行为”联系起来，我们需要在同一个“参与者”上下文中定义两个主观实体。首先，我们可参照“信念”类的定义将“意图”类（Intention）和“意图”（intends）属性分别定义如下：

$$\begin{aligned} Intention &\subseteq is\_intention \text{ some } self \\ &\subseteq Propositional\_Attitude \\ holds \circ is\_intention \circ towards &\subseteq intends \end{aligned}$$

此外，我们通过定义“发起人”（initiates）属性将“代理”和“过程”相关联：

$$\begin{aligned} performs &\subseteq actor^{-} \\ performs \circ imposed\_on &\subseteq initiates \end{aligned}$$

换言之，“行为”的执行者同时也是该行为所伴随的“过程”的“发起人”。由于执行“过程”的“代理”可视为该过程的具有认知作用的“原因”（Cause），因此“参与者角色”（Actor_Role）类可基于启动了某个“过程”的代理（也就是说，该“过程”以此“代理”或“原因”为上下文）进行定义：

$$\begin{aligned} Cause &\subseteq is\_cause \text{ some } self \\ &\subseteq Epistemic\_Role \\ Actor\_Role &\subseteq played\_by \text{ only } (initiates \text{ some } (context\_of \text{ some} \end{aligned}$$

Cause))

agentive_cause ⊆ initiates⁻

executes o context_of ⊆ imposed_on

上述定义使某个“代理”由于是“参与者角色”从而发起了某个“过程”，并同时是此“过程”的具有认知作用的“原因”。同样，某个“代理”由于是“参与者角色”从而具有某种“意图行为”（Intention_to_Act）：

Actor_Role ⊆ played_by only (holds some Intention_to_Act)

Intention_to_Act ⊆ is_intention_to_act some self

⊆ Intention

这种将意图和行为相区分，但同时通过同一参与者相关联的机制具有高度的灵活性，同时可通过嵌套约束限制解决前述的主观实体“视作为”属性（或其子属性）的属性继承问题。

参考文献

[1] Poole David, Mackworth Alan, Goebel Randy. Computational Intelligence: A Logical Approach [M]. New York: Oxford University Press, 1998.

[2] Berlinski David. The Advent of the Algorithm [M]. Harcourt Books, 2000.

[3] Russell Stuart J., Norvig Peter. Artificial Intelligence: A Modern Approach [M]. Upper Saddle River, New Jersey: Prentice Hall, 2003.

[4] Schaeffer J. Didn't Samuel Solve That Game? [M]. One Jump Ahead. Springer, Boston, MA, 2009.

[5] McCorduck Pamela. Machines Who Think [M]. Natick, MA: A. K. Peters, Ltd., 2004.

[6] Crevier Daniel. AI: The Tumultuous Search for Artificial Intelligence [M]. New York, NY: BasicBooks, 1993.

[7] Lighthill James. "Artificial Intelligence: A General Survey". Artificial Intelligence: A Paper Symposium [M]. Science Research Council, 1973.

[8] Newell A. The Knowledge Level [J]. Artificial Intelligence, 1982, 18 (1): 87-127.

[9] MacGregor Robert. Using a Description Classifier to Enhance Knowledge Representation [J]. IEEE Expert, 1991, 6 (3): 41-46.

[10] Mylopoulos J. An Overview of Knowledge Representation [R] // Brodie M. L. and ZIlles S. N., editors, Proceedings of the Workshop on Data Abstraction, Databases and Conceptual Modelling, Pingree Park, Colorado, June 23-26, 1980, volume 11 of SIGMOD Record, pages 5-12. ACM.

[11] McCarthy J. and Hayes P. J. Some Philosophical Problems from the Standpoint of Artificial Intelligence [J]. Machine Intelligence, 1969, 4.

[12] Sikos Leslie F. Description Logics in Multimedia Reasoning [M]. Cham: Springer International Publishing, 2017.

[13] Franz Baader, Ian Horrocks, and Ulrike Sattler. Chapter 3 Description

Logics [M] // Frank van Harmelen, Vladimir Lifschitz, and Bruce Porter, editors, Handbook of Knowledge Representation. Elsevier, 2007.

[14] Brachman R. On the Epistemological Status of Semantic Networks [M] // Findler N., editor, Associative Networks, 1979, pages 30-50. Academic Press, New York.

[15] Levesque H. J. and Brachman R. J. Expressiveness and Tracability in Knowledge Representation and Reasoning [J]. Computational Intelligence, 1987, 3: 78-93.

[16] Klarman S., Hoekstra R., and Bron M. Versions and applicability of concept definitions in legal ontologies. In Clark, K. and Patel-Schneider, P. F., editors, Proceedings of owl: Experiences and Directions (OWLED 2008 DC), Washington, DC (metro), 2008.

[17] Buchanan B. G. and Shortliffe E. H. Rule-Based Expert Systems: The MYCIN Experiments of the Stanford Heuristic Programming Project [M]. Addison-Wesley Series in Artificial Intelligence. Addison-Wesley, Reading, MA, 1984.

[18] Quillian M. R. Semantic Memory [R]. Report AFCRL-66-189, Bolt Beranek & Newman, Cambridge, Massachusetts, 1966.

[19] Roger Schank. A Conceptual Dependency Parser for Natural Language Proceedings of the 1969 Conference on Computational linguistics [R]. Sång-Säby, Sweden , 1969, pages 1-3.

[20] Carbonell J. R. Mixed-Initiative Man-Computer Instructional Dialogues [D]. PhD thesis, Massachusetts Institute of Technology, 1970.

[21] Sowa John F. Conceptual Graphs for a Data Base Interface [J]. IBM Journal of Research and Development, 1976, 20 (4): 336-357.

[22] Sowa John F. Conceptual Structures: Information Processing in Mind and Machine [M]. Reading, MA: Addison-Wesley, 1984.

[23] Minsky M. A Framework for Representing Knowledge [M] // Winston P., editor, The Psychology of Computer Vision. McGraw-Hill, New York, 1975.

[24] Schank R. and Abelson, R. Scripts, Plans Goals and Understanding [M]. Lawrence Erlbaum, New Jersey, 1977.

[25] Bobrow D. G. and Winograd T. A. An Overview of KRL, A Knowledge Representation Language [R]. Technical Report, Xerox Palo Alto

Research Center, Stanford, CA, USA, 1976.

[26] Brachman R. On the Epistemological Status of Semantic Networks [R] // Findler N., editor, Associative Networks, 1979, pages 30-50. Academic Press, New York.

[27] Brachman R. and Schmolze J. An Overview of the KL-ONE Knowledge Representation System [J]. Cognitive Science, 1985, 9 (2): 171-216.

[28] Chein Michel, Mugnier Marie-Laure. Graph-based Knowledge Representation: Computational Foundations of Conceptual Graphs [M]. Sprin - ger, 2009.

[29] Newell A. The Knowledge Level [J]. Artificial Intelligence, 1982, 18 (1): 87-127.

[30] Clancey W. J. The Epistemology of a Rule-based Expert System - A Framework for Explanation [J]. Artificial Intelligence, 1983, 20 (3): 215-251. First Published as Stanford Technical Report, November 1981.

[31] Davis R., Shrobe H. E., and Szlovits P. What is Knowledge Representation [J]. AI Magazine, 1993, 14 (1): 17-33.

[32] Wielinga B. J., Schreiber A. T., and Breuker J. A. KADS: A Modelling Approach to Knowledge Engineering [J]. Knowledge Acquisition, 1992 (4): 5-53.

[33] van Heijst G., Schreiber A. T., and Wielinga B. Using Explicit Ontologies for KBS Development [J]. International Journal of Human-Computer Studies, 1997, 46 (2/3): 183-292.

[34] Bylander T. and Chandrasekaran B. Generic Tasks for Knowledge Based Reasoning: The "right" Level of Abstraction for Knowledge Acquisition [J]. International Journal of Man-Machine Studies, 1987, 26 (2): 231-243.

[35] Levesque H. and Brachman R. A Fundamental Tradeoff in Knowledge Representation and Reasoning [M] // Levesque H. and Brachman R., editors, Readings in Knowledge Representation, 1985, pages 41-70. Morgan Kaufmann.

[36] Doyle J. and Patil R. Two Theses of knowledge Representation: Language Restrictions, Taxonomic Classifications, and the Utility of Representation Services [J]. Artificial Intelligence, 1991, 48 (3): 261-298.

[37] Gruber T. R. A Translation Approach to Portable Ontology Specifications [J]. Knowledge Acquisition, 1993, 5 (2): 199-220.

[38] McCarthy J. Circumscription—A Form of Non-monotonic Reasoning

[J]. Artificial Intelligence, 1980 (13): 27-39.

[39] Schreiber G., Wielinga B., and Jansweijer W. The Kaktus View on the O' World [M] //Proceedings of IJCAI95 Workshop on Basic Ontological Issues in Knowledge Sharing, Montreal, Canada, 1995.

[40] Gruber T. R. A Translation Approach to Portable Ontology Specifications [J]. Knowledge Acquisition, 1993, 5 (2): 199-220.

[41] Neches R., Fikes R., Finin T., Gruber T., Paqtil R., Senator T., and Swartout W. R. Enabling Technology for Knowledge Sharing [J]. AI Magazine, 1991, 12 (3): 36-56.

[42] Genesereth M. R. and Fikes R. E. Knowledge Interchange Format, Version 3.0 Reference Manual [R]. Technical Report Logic-92-1, Computer Science Department, Stanford University, Stanford, CA, USA, 1992.

[43] Chaudhri V. K., Farquhar A., Fikes R., Karp P. D., and Rice J. OKBC: A Programmatic Foundation for Knowledge Base Interoperability [M] //Proceedings of AAAI-98, pages 600-607, Madison, WI, 1998.

[44] Patel-Schneider P. F. and Swartout B. Description-Logic Knowledge Representation System Specification from the KRSS Group [R]. Technical Report, Bell-Labs Research, 1993.

[45] Brachman R. J., McGuiness D. L., Patel-Schneider P. F., Resnick L. A., and Borgida A. Living with CLASSIC: When and How to Use a KL-ONE Like language [M] //Sowa J. F., editor, Principles of Semantic Networks: Explorations in the Representation of Knowledge, pages 401-456. Morgan Kaufmann, San Mateo, US, 1991.

[46] MacGregor R. and Bates R. The LOOM Knowledge Representation Language [R]. Technical Report ISI/RS-87-188, ISI, University of Southern California, 1987.

[47] Baader F. and Hanschke P. A Scheme for Integrating Concrete Domains into Concept Languages [R]. Technical Report RR-91-10, Deutsches Forschungszentrum für Künstliche Intelligenz GmbH, Kaiserslautern, Germany, 1991.

[48] Baader F., Calvanese D., McCuinness D., Nardi D., and Patel-Schneider P. F. The Description Logic Handbook - Theory, Implementation and Applications [M]. Cambridge University Press, 2003.

[49] Schreiber G., Akkermans H., Anjewierden A., de Hoog R.,

Shadbolt N., Van den Velde W., and Wielinga B. Knowledge Engineering and Managament: The CommonKADS Methodology [M]. MIT Press, 2000.

[50] Schreiber G., Wielinga B., Akkermans H., van de Velde W., and Anjewierden A. Cml: The CommonKADS Conceptual Modelling Language [M] // A Future for Knowledge Acquisition, volume 867 of LNCS, pages 1-25. Springer Verlag, 1994.

[51] van Harmelen F. and Balder J. $(ML)^2$: A Formal Language for KADS Models of Expertise [J]. Knowledge Acquisition, 1992, 4 (1): 127-161.

[52] Berners-Lee T. Weaving the Web: Origins and Future of the World Wide Web [M]. Texere Publishing, 1999.

[53] Wang T. D. and Parsia B. Ontology Performance Profiling and Model Examination: First Steps [M] // K. A., editor, ISWC/ASWC, volume 4825 of Lecture Notes in Computer Science, pages 595-608. Springer, 2007.

[54] Davis R., Shrobe H. E., and Szlovits P. What is Knowledge Representation? [J]. AI Magazine, 1993, 14 (1): 17-33.

[55] Leibniz G. W. Opuscules et fragments inédits de Leibniz: extraits des manuscrits de la Bibliothèque royale de Hanovre [M]. Alcan, Paris. Reprinted Hildesheim, Georg Olms, 1961.

[56] Kant I. Lectures on Metaphysics. Part Ⅲ: Metaphysic Mrongovius (1782-1783) [M]. Cambridge University Press, Cambridge, 1997.

[57] Guarino N. Understanding, Building, and Using Ontologies: A Commentary to Using Explicit Ontologies in KBS Development, by van heijst, schreiber, and wielinga [J]. International Journal of Human and Computer Studies, 1997 (46): 293-310.

[58] Guarino N. and Giaretta P. Ontologies and Knowledge Bases: Towards a Terminological Clarification [M] //Mars N., editor, Towards Very Large Knowledge Bases - Knowledge Building and Knowledge Sharing 1995, pages 25-32, Amsterdam. IOS Press, 1995.

[59] Smith B. An Essay in Formal Ontology [J]. Grazer Philosophische Studien, 1978 (6): 39-62.

[60] Smith B. Against Fantology [M] //Reicher M. and Marek J., editors, Experience and Analysis, pages 153-170. öbvahpt, Wien, 2005.

[61] Guarino N. The Ontological Level [M] // Casati R., Smith B., and White G., editors, Philosophy and the Cognitive Sciences, Proceedings of the

16th International Wittgenstein Symposium, pages 443-456, Vienna. Hölder-Pichler-Tempsky, 1994.

[62] Genesereth M. R. and Nilsson N. J. Logical Foundations of Artificial Intelligence [M]. Morgan Kaufmann, Los Altos, 1987.

[63] Uschold M. Building Ontologies: Towards a Unified Methodology [R] //16th Annual Conf. of the British Computer Society Specialist Group on Expert Systems, Cambridge, UK, 1996.

[64] Boer A., Winkels R., van Engers T., and de Maat E. A Content Management System Based on an Event-based Model of Version Management Information in Legislation [R] //Gordon T., editor, Legal Knowledge and Information Systems. Jurix 2004: The Seventeenth Annual Conference., Frontiers in Artificial Intelligence and Applications, pages 19 - 28, Amsterdam. IOS Press, 2004.

[65] Boer A., Winkels R., and Vitali F. Proposed XML Standards for Law: Metalex and LKIF [R] // Lodder A. R. and Mommers L., editors, Legal Knowledge and Information Systems. Jurix 2007: The Twentieth Annual Conference Annual Conference, volume 165 of Frontiers in Artificial Intelligence and Applications, pages 19-28. IOS Press, 2007.

[66] van Engers T. and Glassée E. Facilitating the Legislation Process Using a Shared Conceptual Model [J]. IEEE Intelligent Systems, 2001, 16 (1): 50-58.

[67] Klarman S., Hoekstra R., and Bron M. Versions and Applicability of Concept Definitions in Legal Ontologies [M] // Clark K. and Patel-Schneider P. F., editors, Proceedings of owl: Experiences and Directions (OWLED 2008 DC), Washington, DC (metro), 2008.

[68] Boer A., van Engers T., and Winkels R. Open Standards for Spatial Regulations: An Interdisciplinary Approach [R] // Proceedings of the Holland Open Software Conference, Amsterdam, Netherlands, 2005b.

[69] Valente A. and Breuker J. ON-LINE: An Architecture for Modelling Legal Information [R] //International Conference on Artificial Intelligence and Law (ICAIL-1995), pages 307-315, 1995.

[70] Kelsen H. General Theory of Norms [M]. Clarendon Press, Oxford.

[71] Elhag A. A., Breuker J. A., and Brouwer B. W. On the Formal Analysis of Normative Conflicts [R] // van den Herik et al., H., editor, JURIX

1999: The Twelfth Annual Conference, Frontiers in Artificial Intelligence and Applications, pages 35-46, Nijmegen. GNI, 1995.

[72] Breuker J. Towards a Workbench for the Legal Practitioner [M] // van Noortwijk C., Schmidt A., and Winkels R., editors, Legal Knowledge Based Systems: Aims for Research and Development, JURIX-1990, pages 25-36, Lelystad. Koninklijke Vermande BV, 1990.

[73] den Haan N. TRACS A Support Tool for Drafting and Testing Law. In Information Technology and Law-Fifth International Conference on Legal Knowledge Based Systems, JURIX-1992. Koninklijke Vermande, 1992.

[74] Winkels R., Boer A., and Hoekstra R. CLIME: Lessons Learned in Legal Information Serving [R] // van Harmelen F., editor, Proceedings of the European Conference on Artificial Intelligence (ECAI 2002), Amsterdam. IOS-Press, 2002.

[75] Winkels R. and de Bruijn H. Case frames: Bridging the Gap between a Case and the Law [R] //Carr I. and Narayanan A., editors, Proceedings of the First European Conference on Computers, Law and AI, pages 205-213, Exeter. EUCLID, 1996.

[76] Boer A., Winkels R., and Hoekstra R. The CLIME Ontology [M] // Winkels R. and Hoekstra R., editors, Proceedings of the Second International Workshop on Legal Ontologies (LEGONT), pages 37-47, Amsterdam, Netherlands, 2001.

[77] Agnoloni T., Bacci L., Francesconi E., Peters W., Montamegni S., and Venturi G. A Two-level Knowledge Approach to Support Multilingual Legislative Drafting [M] // Breuker J., Casanovas P., Klein M., and Francesconi E., editors, Law, Ontologies and the Semantic Web, Frontiers of Artificial Intelligence and Applications. IOS Press, Amsterdam, 2009.

[78] Delgado J., Gallego I. L. S. and García R. IPROnto: An Ontology for Digital Rights Management [R] //16th Annual Conference on Legal Knowledge and Information Systems, JURIX 2003, volume 106 of Frontiers in Artificial Intelligence and Applications. IOS Press, 2003.

[79] Casellas N., Casanovas P., Vallbé J. -J., Poblet M., Blázquez M., Contreras J., Cobo J. M. L., and Benjamins V. R. Semantic Enhancement for Legal Information Retrieval: Iuriservice Performance [M] // The Eleventh International Conference on Artificial Intelligence and Law, Proceedings of the

Conference (ICAIL 2007), pages 49-57, Stanford Law School, Stanford, California, USA. ACM, 2007.

[80] Niles I. and Pease A. Towards a Standard Upper Ontology [M] // Welty C. and Smith B., editors, Proceedings of the 2nd International Conference on Formal Ontology in Information Systems (FOIS - 2001), Ogunquit, Maine, 2001.

[81] Gangemi A., Guarino N., Masolo C., Oltramari A., and Schneider L. Sweetening ontologies with DOLCE [M] // Gomez-Perez A. and Benjamins V., Editors, Proceedings of the EKAW-2002, pages 166-181. Springer, 2002.

[82] Hoekstra R., Breuker J., Di Bello M., and Boer A. LKIF Core: Principled Ontology Development for the Legal Domain [M] // In Breuker J., Casanovas P., Klein M., and Francesconi E., editors, Law, Ontologies and the Semantic Web, Frontiers of Artificial Intelligence and Applications. IOS Press, Amsterdam, 2008.

[83] Gangemi A. and Mika P. Understanding the Semantic Web through Descriptions and Situations [M] // Proceedings of CoopIS/DOA/ODBASE, pages 689-706, 2003.

[84] Gangemi A. Ontology Design Patterns for Semantic Web Content [R] // Y. G., et al., editor, International Semantic Web Conference, volume 3729 of Lecture Notes in Computer Science, pages 262-276. Springer, 2005.

[85] Lenat D. B. CYC: A Large-scale Investment in Knowledge Infrastructure [J]. Communications of the ACM, 1995, 38 (11): 33-38.

[86] McCarthy J. Programs with Common Sense [R] // Proceedings of the Teddington Conference on the Mechanization of Thought Processes, pages 75-91, London. Her Majesty's Stationary Office, 1959.

[87] Minsky M. The Society of Mind [M]. Simon & Schuster Inc., 1984.

[88] Lenat D. B., Guha R. V., Pittman K., Pratt D., and Shepherd M. Cyc: Toward Programs with Common Sense [J]. Commun ACM, 1984, 33 (8): 30-49.

[89] Breuker J. and Hoekstra R. Core Concepts of Law: Taking Commonsense Seriously [M] // Varzi A. and Vieu L., editors, Proceedings of Formal Ontologies in Information Systems (FOIS - 2004), pages 210 - 221. IOS Press, 2004a.

[90] Hobbs J. R. Sketch of an Ontology Underlying the Way We Talk

about the World [J]. International Journal of Human-Computer Studies, 1995 (43): 819-830.

[91] Davidson D. Essays on Actions and Events [M]. Oxford University Press, Oxford, 2001.

[92] Breuker J., Hoekstra R., Boer A., van den Berg K., Rubino R., Sartor G., Palmirani M., Wyner A., and Bench-Capon T. OWL Ontology of Basic Legal Concepts (LKIF-Core) [M]. Deliverable 1. 4, Estrella, 2007.

[93] Allen J. Towards a General Theory of Action and Time [J]. Artificial Intelligence, 1984 (23): 123-154.

[94] Klarman S., Hoekstra R., and Bron M. Versions and Applicability of Concept Definitions in Legal Ontologies [M] // Clark K. and Patel-Schneider P. F., editors, Proceedings of owl: Experiences and Directions (OWLED 2008 DC), Washington, USA, 2008.

[95] Searle J. R. The Construction of Social Reality [M]. The Free Press, New York, USA, 1995.

[96] Donnelly M. Relative Places [J]. Applied Ontology, 2005, 1 (1): 55-75.

[97] Allen J. F. and Ferguson G. Actions and Events in Interval Temporal Logic [M]. Technical Report TR521, Rochester University, Department of Computer Science, NY, 1994.

[98] van Lambalgen M. and Hamm F. The Proper Treatment of Events, volume 4 of Explorations in Semantics [M]. Blackwell Publishing, 2005.

[99] Boer A., van Engers T., and Winkels R. Mixing Legal and Non-legal norms [M] // Moens M. -F. and Spyns P., editors, Jurix 2005: The Eighteenth Annual Conference., Legal Knowledge and Information Systems, pages 25- 36, Amsterdam. IOS Press, 2005a.

[100] Antoniou G. and van Harmelen F. A Semantic Web Primer [M]. MIT Press, 2004.

[101] Berners-Lee T. Weaving the Web: Origins and Future of the World Wide Web [M]. Texere Publishing, 1999.

[102] Berners-Lee T., Hendler J., and Lassila O. The Semantic Web [J]. Scientific American, 2001, 284 (5): 34-43.

[103] Bechhofer S., van Harmelen F., Hendler J., Horrocks I., McGuinness D. L., Patel-Schneider P. F., and Stein L. A. OWL Web

Ontology Language Reference [R] //M. Dean, G. Schreiber (eds.). W3C recommendation, World Wide Web Consortium (W3C)., 2004.

[104] Pepper S., Vitali F., Marius L., Gessa N., and Presutti V. A Survey of RDF/Topic Maps Interoperability Proposals [R]. Working group note, W3C, 2006.

[105] Miles A. and Bechhofer S. SKOS Simple Knowledge Organization System Reference [R]. Working draft, W3C, 2008.

[106] Dan Brickley R. V. Guha. RDF Schema 1. 1. W3C Recommendation [EB/OL]. 25 February 2014. URL: http://www. w3. org/TR/2014/REC-rdf-schema-20140225/. The latest published version is available at http://www. w3. org/TR/rdf-schema/.

[107] Nejdl W., Wolpers M., and Capelle C. The RDF Schema Specification Revisited [M] // Modelle und Modellierungssprachen in Informatik un Wirtschaftsinformatik, Proceedings of Modellierung, 2000.

[108] Horrocks I. and Patel-Schneider P. F. Three Theses of Representation in the Semantic Web [R] // Proceedings of the 12th International Conference on World Wide Web (WWW 2003), pages 39-47, Budapest, Hungary. ACM Press, 2003.

[109] Pan J. and Horrocks I. Metamodelling Architecture of Web Ontology Languages [M] // Gruz I., Decker S., Euzenat J., and McGuinness D., editors, The Emerging Semantic Web, Frontiers in Artificial Intelligence and Applications. IOS Press, 2002.

[110] Pan J. Z. and Horrocks I. RDFS (FA) and RDF MT: Two Semantics for RDFS [R] // Fensel D., Sycara K., and Mylopoulos J., editors, Proceedings of the 2nd International Semantic Web Conference (ISWC 2003), 2003.

[111] Hayes P. RDF Semantics [R]. Recommendation, W3C, 2004.

[112] Motik B. On the Properties of Metamodeling in OWL [J]. Journal of Logic and Computation, 2007, 17 (4): 617-637.

[113] Neches R., Fikes R., Finin T., Gruber T., Paqtil R., Senator T., and Swartout W. R. Enabling Technology for Knowledge Sharing [J]. AI Magazine, 1991, 12 (3): 36-56.

[114] Gruber T. R. A Translation Approach to Portable Ontology Specifications [J]. Knowledge Acquisition, 1993, 5 (2): 199-220.

[115] Heflin J., Hendler J., and Luke S. SHOE: A Knowledge Represen-

tation Language for Internet Applications [R]. Technical Report CS-TR-4078 (UMIACS TR-99-71), Dept. of Computer Science, University of Maryland at College Park, 1999.

[116] Levesque H. J. and Brachman R. J. Expressiveness and Tractability in Knowledge Representation and Reasoning [J]. Computational Intelligence, 1987 (3): 78-93.

[117] Connolly D., van Harmelen F., Horrocks I., McGuinness D. L., Patel-Schneider P. F., and Andrea Stein L. DAML+OIL (March 2001) Reference Description [R]. Note, W3C, 2001.

[118] Fensel D., Horrocks I., Harmelen F. V., Decker S., Erdmann M., and Klein M. OIL in a Nutshell [M] // Dieng R., editor, Proceedings of the 12th European Workshop on Knowledge Acquisition, Modeling, and Management (EKAW' 00), Volume 1937 of Lecture Notes in Artificial Intelligence, pages 1-16. Springer-Verlag, 2000.

[119] Baader F., Calvanese D., McGuinness D., Nardi D., and Patel-Schneider P. F., editors. The Description Logic Handbook - Theory, Implementation and Applications [M]. Cambridge University Press, 2003.

[120] Bechhofer S., van Harmelen F., Hendler J., Horrocks I., McGuinness D. L., Patel-Schneider P. F., and Stein L. A. OWL Web Ontology Language Reference [R]. W3C Recommendation, World Wide Web Consortium (W3C). M. Dean, G. Schreiber (eds.), 2004.

[121] Jie Bao, Elisa F. Kendall, Deborah L. OWL 2 Web Ontology Language: Quick Reference Guide (Second Edition) [EB/OL]. W3C Recommendation, 11 December 2012, http: //www. w3. org/TR/2012/REC - owl2 - quick-reference-20121211/.

[122] Horrocks I., Kutz O., and Sattler U. The Even More Irresistible SROIQ [R] // Proceedings of the Tenth International Conference on Principles of Knowledge Representation and Reasoning, pages 57-67, 2006.

[123] Horrocks I., Sattler U., and Topies S. Practical Reasoning for Expressive Description Logics [R] //Ganzinger H., McAllester D., and Voronkov A., editors, Proceedings of the 6th International Conference on Logic for Programming and Automated Reasoning (LPAR'99), volume 1705 of Lecture Notes in Artificial Intelligence, pages 161-180. Springer Verlag, 1999.

[124] Lutz C. The Complexity of Reasoning with Concrete Domains [M].

LTCS Report 99-01, RWTH Aachen. Preliminary Version, 1999.

[125] Horrocks I. and Sattler U. Ontology Reasoning in the SHOQ (D) Description Logic [R]. Proceedings of the Seventeenth International Joint Conference on Artificial Intelligence, 2001.

[126] Motik B., Patel-Schneider P. F., Parsia B., Bock C., Fokoue A., Haase P., Hoekstra R., Horrocks I., Ruttenberg A., Sattler U., and Smith M. OWL 2 Web Ontology Language: Structural Specification and Functional-Style Syntax [R]. Technical Report, W3C, 2009.

[127] Pascal Hitzler, Markus Krötzsch, Bijan Parsia, Peter F. Patel-Schneider, Sebastian Rudolph, eds. OWL 2 Web Ontology Language: Primer (Second Edition) [R]. W3C Recommendation, 11 December 2012.

[128] Baader F., Brandt S., and Lutz C. Pushing the EL Envelope [R]. Proceedings on the 19th Joint International Conference on Artificial Intelligence (IJCAI 2005), 2005.

[129] Calvanese D., de Giacomo G., Lembo D., Lenzerini M., and Rosati R. Tailoring Owl for Data Intensive Ontologies [R]. Proceedings of the 1st owl: Experiences and Directions Workshop (OWLED 2005), 2005.

[130] Grosof B., Volz R., Horrocks I., and Decker S. Description Logic Programs: Combining Logic Programs with Description Logics [R]. Proceedings of the 12th International World Wide Web Conference (WWW 2003), 2003.

[131] Guarino N. and Welty C. Evaluating Ontological Decisions with OntoClean [J]. Communications of the ACM, 2002, 45 (2): 61-65.

[132] Breuker J. and Hoekstra R. Epistemology and Ontology in Core Ontologies: FOLaw and LRI-Core, Two Core Ontologies for Law [R] // Gangemi A. and Borgo S., editors, Proceedings of the EKAW Workshop on Core Ontologies in Ontology Engineering. CEUR, 2004.

[133] Schreiber G., Akkermans H., Anjewierden A., de Hoog R., Shadbolt N., Van den Velde W., and Wielinga B. Knowledge Engineering and Managament: The CommonKADS Methodology [M]. MIT Press, 2000.

[134] Uschold M. and King M. Towards a Methodology for Building Ontologies [R] //Workshop on Basic Ontological Issues in Knowledge Sharing, IJCAI-95, Montreal, Canada, 1995.

[135] Fernández M., Gómez-Pérez A., and Juristo N. Methontolgy: From Ontological Art Towards Ontological Engineering [J]. AAAI-97 Spring Sympo-

sium on Ontological Engineering, 1997, pages 33-40.

[136] Fernández-López M. and Gómez-Pérez A. Overview and Analysis of Methodologies for Building Ontologies [J]. The Knowledge Engineering Review, 2002, 17 (2): 129-156.

[137] Grenon P. Nuts in BFO's Nutshell: Revisions to the Bi-categorial Axiomatization of BFO [R]. Technical Report ISSN 1611-4019, Institute for Formal Ontology and Medical Information Science (IFOMIS), 2003.

[138] Masolo C., Borgo S., Gangemi A., Guarino N., and Oltramari A. WonderWeb ontology library [R]. ISTC-CNR, 2003.

[139] Sowa J. F. Knowledge Representation: Logical Philosophical, and Computational Foundations [M]. Brooks Cole Publishing Co., Pacific Grove, CA, 2000.

[140] Breuker J., Hoekstra R., Boer A., van den Berg K., Rubino R., Sartor G., Palmirani M., Wyner A., and Bench-Capon T. OWL Ontology of Basic Legal Concepts (LKIF-Core) [M]. Deliverable 1.4, Estrella, 2007.

[141] Niles I. and Pease A. Towards a Standard Upper Ontology [R] // Welty C. and Smith B., editors, Proceedings of the 2nd International Conference on Formal Ontology in Information Systems (FOIS-2001), Ogunquit, Maine, 2001.

[142] Grüninger M. and Fox M. S. Methodology for the Design and Evaluation of Ontologies [R]. IJCAI'95, Workshop on Basic Ontological Issues in Knowledge Sharing, 1995.

[143] Gruber T. R. Toward Principles for the Design of Ontologies Used for Knowledge Sharing [M] // Guarino N. and Poli R., editors, Formal Ontology in Conceptual Analysis and Knowledge Representation, Deventer, The Netherlands. Kluwer Academic Publishers, 1994.

[144] Barry Smith. The OBO Foundry: Coordinated Evolution of Ontologies to Support Biomedical Data Integration [J]. Nature Biotechnology, 2007, 25 (25): 1251-1255.

[145] Uschold M. and Grüninger M. Ontologies: Principles, Methods, and Applications [J]. Knowledge Engineering Review, 1996, 11 (2): 93-155.

[146] Hayes P. J. The Second Naive Physics Manifesto [M] // Hobbs J. R. and Moore R. C., editors, Formal Theories of the Commonsense World, volume 1 of Ablex series in Artificial Intelligence, pages 1-36. Ablex, Norwood,

NJ, 1985.

[147] Lakoff G. Women, Fire and Dangerous Things [M]. University of Chicago Press, 1987.

[148] Ogden C. K. Basic English: A General Introduction with Rules and Grammar [M]. 1930.

[149] Klein M. Combining and Relating Ontologies: An Analysis of Problems and Solutions [R] // Proceedings of the Workshop on Ontologies and Information Sharing (at IJCAI 2001), pages 53-62, Seattle, WA, 2001.

[150] Pinto H. S. and Martins J. P. Reusing Ontologies [R] // Proceedings of AAAI2000 Spring Symposium Series, Workshop Bringing Knowledge to Business Processes, number SS-00-03 in AAAI Technical Report, pages 77-84, Menlo Park, California USA. AAAI Press, 2000.

[151] Haslanger S. The Oxford Handbook of Metaphysics, Chapter Persistence Through Time [M]. pages 315-354. Oxford University Press, 2003.

[152] Noy N. F. and Musen M. A. Prompt: Algorithm and Tool for Automated Ontology Merging and Alignment [R] // Proceedings of the Seventeenth National Conference on Artificial Intelligence and Twelfth Conference on Innovative Applications of Artificial Intelligence, 2000, pages 450-455.

[153] van Heijst G., Schreiber A. T., and Wielinga B. Using Explicit Ontologies for Kbs Development [J]. International Journal of Human-Computer Studies, 1997, 46 (2/3): 183-292.

[154] Schreiber G., Akkermans H., Anjewierden A., de Hoog R., Shadbolt N., Van den Velde W., and Wielinga B. Knowledge Engineering and Managament: The CommonKADS Methodology [M]. MIT Press, 2000.

[155] Swartout B., Patil R., Knight K., and Russ T. Toward Distributed Use of Large-scale Ontologies [R] // Proceedings of the Knowledge Acquisition Workshop (KAW'96), Banff, Alberta, Canada, 1996.

[156] Miller G. WordNet: An On-line Lexical Database [J]. International Journal of Lexicography, 1990, 3 (4).

[157] Lenat D. B. CYC: A Large-scale Investment in Knowledge Infrastructure [J]. Communications of the ACM, 1995, 38 (11): 33-38.

[158] Guarino N. The Ontological Level [R] //Casati R., Smith B., and White G., editors, Philosophy and the Cognitive Sciences, Proceedings of the 16th International Wittgenstein Symposium, pages 443-456, Vienna. Hölder-Pichler-

Tempsky, 1994.

[159] Hoekstra R., Breuker J., Di Bello M., and Boer A. LKIF Core: Principle Ontology Development for the Legal Domain [M] // Breuker J., Casanovas P., Klein M., and Francesconi E., editors, Law, Ontologies and the Semantic Web, Frontiers of Artificial Intelligence and Applications. IOS Press, Amsterdam, 2008.

[160] Gangemi A., Fisseha F., Keizer J., Lehmann J., A. Liang Pettman I., Sini M., and Taconet M. A Core Ontology of Fishery and Its Use in the Fishery Ontology Service Project [R] // Gangemi A. and Borgo S., editors, Proceedings of the EKAW Workshop on Core Ontologies in Ontology Engineer-ing, 2004.

[161] Pedrinaci C., Domingue J., and de Medeiros A. K. A. A Core Ontology for Business Process Analysis [R] // Bechhofer S. and Hauswirth M., editors, Proceedings of the 5th European SemanticWeb Conference (ESWC 2008), Tenerife, Spain, 2008.

[162] Rubino R., Rotolo A., and Sartor G. An Owl Ontology of Fundamental Legal Concepts [R] // van Engers T. M., editor, Legal Knowledge and Information Systems. JURIX 2006: The Nineteenth Annual Conference, volume 152 of Frontiers of Artificial Intelligence and Applications. IOS Press, 2006.

[163] Oberle D., Ankolekar A., and et al., P. H. DOLCE Ergo SUMO: On Foundational and Domain Models in the SmartWeb Integrated Ontology (SWIntO) [J]. Journal of Web Semantics: Science, Services and Agents on the World Wide Web, 2007 (5): 156-174.

[164] Motik B., Patel-Schneider P. F., Parsia B., Bock C., Fokoue A., Haase P., Hoekstra R., Horrocks I., Ruttenberg A., Sattler U., and Smith M. OWL 2 Web Ontology Language: Structural Specification and Functional Style Syntax [R]. Technical report, W3C, 2009.

[165] Cuenca Grau B., Horrocks I., Kazakov Y., and Sattler U. Ontology Reuse: Better Safe than Sorry [R] // Calvanese D., Franconi E., Haarslev V., Lembo D., Motik B., Turhan A. -Y., and Tessaris S., editors, Description Logics, volume 250 of CEUR Workshop Proceedings. CEUR-WS. org, 2007.

[166] Ghilardi S., Lutz C., and Wolter F. Did I Damage My Ontology? A Case for Conservative Extensions in Description Logics [M] // Doherty P., Mylopoulos J., andWelty C. A., editors, KR, pages 187-197. AAAI Press, 2006.

[167] Jimenez-Ruiz E., Cuenca Grau B., Sattler U., Schneider T., and Berlanga R. Safe and Economic Re-use of Ontologies: A Logic-based Methodology and Tool Support [M]. Proceedings of OWLED 2008 DC, 2008.

[168] Searle J. R. The Construction of Social Reality [M]. The Free Press, New Yor, NY, 1995.

[169] Rector A. L. Modularisation of Domain Ontologies Implemented in Description Logics and Related Formalisms Including Owl [R] // Proceedings of KCAP'03, pages 121-128, Sanibel Island, Florida. ACM Press, 2003.

[170] Masolo C., Vieu L., Bottazzi E., Catenacci C., Ferrario R., Gangemi A., and Guarino N. Social Roles and Their Descriptions [R]. Proceedings of Knowledge Representation Workshop, 2004.

[171] Pinker S. The Stuff of Thought [M]. Allen Lane, Penguin Books, London, England, 2007.

[172] Presutti V., Gangemi A., David S., de Cea G. A., Suárez-Figueroa M. C., Ponsoda E. M., and Poveda M. A Library of Ontology Design Patterns: Reusable Solutions for Collaborative Design of Networked Ontologies [M]. Deliverable D2. 5. 1, NeOn Project, 2008.

[173] Clark P., Thompson J., and Porter B. Knowledge Patterns [M] // Cohn A., Giunchiglia F., and Selman B., editors, Proceedings of the 7th International Conference KR'2000, pages 591-600, CA. Kaufmann, 2000.

[174] Bodenreider O., Smith B., and Burgun A. The Ontology-epistemology Divide: A Case Study in Medical Terminology [R] // Varzi A. C. and Vieu L., editors, Formal Ontology in Information Systems, Proceedings of the Third International Conference (FOIS 2004), Frontiers in Artificial Intelligence and Applications, pages 185-195, Torino. IOS Press, 2004.

[175] Seidenberg J. and Rector A. L. Representing Transitive Propagation in OWL [M] // Embley D. W., Olivé A., and Ram S., editors, ER, Volume 4215 of Lecture Notes in Computer Science, pages 255-266. Springer, 2006.

[176] Bobillo F., Delgado M., and Gómez-Romero J. An Ontology Design Pattern for Representing Relevance in OWL [R] // In Proceedings of the 6th International Semantic Web Conference (ISWC 2007), Busan, Corca, 2007.

[177] Wang T. D. and Parsia B. Ontology Performance Profiling and Model Examination: First Steps [R] //K. A., et al., editor, ISWC/ASWC, Volume 4825 of Lecture Notes in Computer Science, pages 595 - 608.

Springer, 2007.

[178] Grosof B., Volz R., Horrocks I., and Decker S. Description Logic Programs: Combining Logic Programs with Description Logics [R] // In Proceedings of the 12th International World Wide Web Conference (WWW 2003), 2003.

[179] Hoekstra R., Liem J., Bredeweg B., and Breuker J. Requirements for Representing Situations [R] // Grau B. C., Hitzler P., Shankey C., and Wallace E., editors, Proceedings of the OWLED'06 Workshop on owl: Experiences and Directions 2006, volume 216 of CEUR Workshop Proceedings, Athens, Georgia (USA), 2006.

[180] Motik B., Horrocks I., and Sattler U. Bridging the Gap between OWL and Relational Databases [R] // Patel-Schneider P. and Shenoy P., editors, Proceedings of the 16th International Conference on World Wide Web (WWW 2007), Banff, Alberta, Canada. ACM Press, 2007.

[181] Motik B., Sattler U., and Studer R. Query Answering for OWL-DL with Rules [J]. Journal of Web Semantics: Science, Services and Agents on the World Wide Web, 2005, 3 (1): 41-60.

[182] Krötzsch M., Rudolph S., and Hitzler P. On the Complexity of Horn Description Logics [R] // Cuenca Grau B., Hitzler P., Shankey C., and Wallace E., editors, Proceedings of the 2nd Workshop on owl: Experiences and Directions (OWLED-06). CEUR Workshop Proceedings, 2006.

[183] Krötzsch M., Rudolph S., and Hitzler P. ELP: Tractable rules for OWL 2 [M]. Technical Report, Institute AIFB, Universität Karlsruhe, Karlsruhe, Germany, 2008.

[184] Krötzsch M., Rudolph S., and Hitzler P. Expressive Tractable Description Logics Based on SROIQ Rules [R]. Technical Report, Institut AIFB, Universität Karlsruhe (TH), Karlsruhe, Germany, 2008.

[185] Breuker J. and Hoekstra R. Epistemology and Ontology in Core Ontologies: FOLaw and LRI-Core, Two Core Ontologies for Law [R] // Gangemi A. and Borgo S., editors, Proceedings of the EKAWWorkshop on Core Ontologies in Ontology Engineering. CEUR, 2004.

[186] Noy N. and Rector A. Defining n-ary Relations on the Semantic Web [R]. Working Group Note, W3C, 2006.

[187] Searle J. R. The Construction of Social Reality [M]. The Free

Press, New York, NY, 1995.

[188] Kaljurand K. and Fuchs N. E. Verbalizing OWL in Attempto Controlled English [R] // Golbreich C., Kalyanpur A., and Parsia B., editors, Proceedings of owl: Experiences and Directions (OWLED 2007), volume 258 of CEUR Workshop Proceedings, Innsbrück, Austria, 2007.

[189] Cregan A., Schwitter R., and Meyer T. Sydney OWL Syntax - towards a controlled natural language syntax for OWL 1. 1 [R] // Golbreich C., Kalyanpur A., and Parsia B., editors, Proceedings of owl: Experiences and Directions (OWLED 2007), Volume 258 of CEUR Workshop Proceedings, Innsbrück, Austria, 2007.

[190] Schwitter R., Kaljurand K., Cregan A., Dolbear C., and Hart G. A Comparison of Three Controlled Natural Languages for OWL 1. 1 [M] // Clark K. G. and Patel-Schneider P. F., editors, Proceedings of owl: Experiences and Directions (OWLED 2008 DC), Washington, USA, 2008.

[191] Brachman R. J., McGuiness D. L., Patel-Schneider P. F., Resnick L. A., and Borgida A. Living with CLASSIC: When and How to Use a KL-ONE-like Language [M] // Sowa J. F., editor, Principles of Semantic Networks: Explorations in the Representation of Knowledge, pages 401-456. Morgan Kaufmann, San Mateo, USA, 1991.

[192] Dennett D. C. The Intentional Stance [M]. MIT-Press, 1987.

[193] Grossi D. Desigining Invisible Hancuffs. Formal Investigations in Institutions and Organizations for Multi-agent Systems [M]. SIKS Dissertation Series, Utrecht University, 2007.

[194] Steimann F. On the Representation of Roles in Object-oriented and Conceptual Modelling [J]. Data and Knowledge Engineering, 2000, 35 (1): 83-106.

[195] Drummond N., Rector A., Stevens R., Moulton G., Horridge M., Wang H., and Seidenberg J. Putting OWL in Order: Patterns for Sequences in OWL [M]. Proceedings of OWLED 2006, Athens, USA, 2006.

[196] Villanueva - Rosales N. and Dumontier M. Describing Chemical Functional Groups in Owl-dl for the Classification of Chemical Compounds [R]. owl: Experiences and Directions (OWLED 2007), 2007.

[197] Lehmann J. and Gangemi A. An Ontology of Physical Causation as a Basis for Assessing Causation in Fact and Attributing Legal Responsibility. Artifi-

cial Inteligence and Law [M]. Special Issue on Legal Ontologies and Artificial Intelligence Techniques, 2007.

[198] Kim J. Mind in a Physical World: An Essay on the Mind-Body Problem and Mental Causation. Representation and Mind [M]. MIT Press, Cambridge, Massachusetts. Series editors: Hilary Putnam and Ned Block, 1998.

[199] Davidson D. Essays on Actions and Events [M]. Oxford University Press, Oxford, 2001.

[200] Hart H. and Honoré T. Causation in the Law [M]. Oxford University Press, New York, Second Edition Edition, 1985.

[201] Pearl J. Causality: Models, Reasoning and Inference [M]. Cambridge University Press, Cambridge, 2000.

[202] Bredeweg B. and Struss P. Current Topics in Qualitative Reasoning [J]. AI Magazine, 2004, 24: 13-16. Special Issue on Qualitative Reasoning.

[203] Forbus K. D. Qualitative Process Theory [J]. Artificial Intelligence, 1984 (24): 85-168.

[204] Bredeweg B., Salles P., and Neumann M. Ecological Informatics: Scope, Techniques and Applications, Chapter Ecological Applications of Qualitative Reasoning, 2006, pages 15-47. Springer, Berlin, 2nd edition.

[205] Georgeff M., Pell B., Pollack M., Tambe M., and Wooldridge M. The Belief-desire-intention Model of Agency [M] // Müller J., Singh M. P., and Rao A. S., editors, Proceedings of the 5th International Workshop on Intelligent Agents V : Agent Theories, Architectures, and Languages (ATAL-98), 1999, volume 1555, pages 1-10. Springer-Verlag: Heidelberg, Germany.

[206] Lehmann J. and Gangemi A. An Ontology of Physical Causation as a Basis for Assessing Causation in Fact and Attributing Legal Responsibility [M]. Artificial Inteligence and Law. Special Issue on Legal Ontologies and Artificial Intelligence Techniques, 2007.

[207] Hoekstra R. and Breuker J. Commonsense Causal Explanation in a Legal Domain [J]. Artificial Intelligence & Law, 2007, 15 (3): 281-299. Special issue on Legal Ontologies and Artificial Intelligence Techniques.

[208] Breuker J., Valente A., and Winkels R. Use and Reuse of Legal Ontologies in Knowledge Engineering and Information Management [M] //Benjamins V., Casanovas P., Breuker J., and A. Gangemi, editors, Law and the Semantic Web, 2004, pages 36-64. Springer.

[209] Schank R. and Abelson R. Scripts, Plans, and Knowledge [R]. Proceedings of the 4th International Joint Conference on Artificial Intelligence, Tblisi, USSR, 1975.